Stephan A. Towfigh · Wafa Enayati

# Die Bahá'í-Religion

Stephan A. Towfigh · Wafa Enayati

# Die Bahá'í-Religion

## Ein Überblick

lau verlag

**Bibliografische Information**
**der Deutschen Nationalbibliothek**
Die Deutsche Nationalbibliothek verzeichnet diese
Publikation in der Deutschen Nationalbibliografie;
detaillierte bibliografische Daten sind
im Internet über http://dnb.d-nb.de abrufbar.

**ISBN 978-3-95768-121-8**

**5. Auflage 2014**

**Internet: www.lau-verlag.de**


**Autoren:**
**Dr. Wafa Enayati**, Hofheim (verheiratet, drei Kinder). Facharzt für Innere Medizin und Kardiologie (in Niederlassung). Mitbegründer des *Forum für medizinische Fortbildung*.
**Dr. Stephan Anis Towfigh**, Potsdam (verheiratet, ein Kind). Facharzt für Kinder- und Jugendpsychiatrie und Psychotherapie. Dissertationsthema: „Das Bahá'ítum und die Medizin".

**Lektorat:** Elena Maroufi-Afscharian
**Besonderen Dank für inhaltliche Beratung an:**
Angela Lewaldt, Dr. Hale Enayati, Ian Semple,
Reinhard Brückner-Werner, Dr. Nadi Towfigh, Dr. Furi Khabirpour,
Dr. Karen Reitz-Koncebovski, Dr. Nicola Towfigh, Bernhard Westerhoff
**Fotoauswahl:** Alexander Schramm, Angela Lawaldt, Dr. Wafa Enayati,
Dr. Staphan Anis Towfigh, Sunita Gupta, Pia von Ameln, Joachim Schuster
**Design:** Gupta/von Ameln – Team für Gestaltung, Jülich
**Umschlaggestaltung:** Gupta/von Ameln – Team für Gestaltung, Jülich/Atelier Versen, Bad Aibling
**Satz:** Hans-Jürgen Klapp, Wächtersbach/Fotosatz Huber, Germering
**Druck- und Bindearbeiten:** GK Druck Gerth und Klaas GmbH & Co. KG, Hamburg
Printed in Germany

# Inhaltsverzeichnis

*„... [Der] Charakter des Bahá'í Glaubens als Religion und der Bahá'í Gemeinschaft als Religionsgemeinschaft [ist] nach aktueller Lebenswirklichkeit, Kulturtradition und allgemeinem wie auch religionswissenschaftlichem Verständnis offenkundig."*

Bundesverfassungsgericht, Beschluss vom 5. Februar 1991 (BVerfGE 83, S. 353)

# Vorwort

Auch wenn die Bahai zu den eher kleinen Religionsgemeinschaften gehören, so werden sie allgemein doch zu den Weltreligionen gerechnet. Vielen Zeitgenossen ist der Bahaismus weitgehend unbekannt, wird manchmal sogar als „Sekte" eingestuft. Es gehört durchaus zum universitären Alltag, dass der Universitätsleitung bei der Vergabe von Räumen für Vorträge, religiöse Handlungen usw. vom hauseigenen Religionswissenschaftler erst klargemacht werden muss, dass es sich bei den Bahai um keine „Sekte", sondern um eine Religion, eine Weltreligion handelt.

Religionswissenschaftler sind seit langem terminologisch sehr sensibel geworden, insbesondere gegenüber Werturteilen. In unserem Loseblattwerk „Handbuch der Religionen", das ebenfalls im Olzog Verlag erscheint, kennen wir daher keine „Sondergemeinschaften" und „Sekten", keine „richtigen" oder „falschen" Religionen, sondern „andere Glaubensgemeinschaften" neben den großen Kirchen bzw. „aus dem Islam hervorgegangene Gemeinschaften". Nach der Analyse des Religionswissenschaftlers Gustav Mensching (1901-78) wenden sich „Weltreligionen" im Unterschied zu den kollektiv orientierten Frühzeitreligionen an den Einzelnen in seiner „generellen und existentiellen Unheilssituation" und bieten Befreiung, Erlösung, Heil an. Weltreligion ist also nicht in erster Linie ein quantitativer, sondern ein qualitativer Begriff. Die Bahai-Religion erfüllt die von Mensching aufgestellten Kriterien einer „Weltreligion" in diesem doppelten Sinne.

Ein Einführungsbuch wie das vorliegende ist für Aufklärungszwecke ein Desiderat. Es ist von Bahai-Gläubigen verfasst, präsentiert also die ***Innenseite*** der Religion. In der modernen Religionswissenschaft stößt die Einsicht auf immer mehr Zustimmung, dass neben dem „objektiven" religionswissenschaftlichen Forscherblick „von außen" eben diese Binnenperspektive ernst genommen werden muss, um zu einem Gesamtbild der Religion zu gelangen.

Ich schreibe dieses Vorwort aus der Sicht der in Jena betriebenen ***Praktischen Religionswissenschaft***, die Zustände nicht nur beschreiben, sondern auch verändern will. Gerade für den so wichtigen interreligiösen Dialog sind aus der Innenperspektive geschriebene Informationsbände besonders wertvoll. Praktische Religionswissenschaft beschäftigt sich mit kommunikativen Prozessen nicht nur zwischen den Wissenschaften, analysiert nicht nur die wechselseitigen Beziehungen zwischen Religionswissenschaft und den religiösen Traditionen, sondern auch das Verhältnis der Religionen untereinander. Eine wichtige Aufgabe des Faches besteht in der Aufarbeitung der gegenseitigen Einstellungen, Vorurteile und Stereotypen. Zusammen mit anderen Fächern kann die Religionswissenschaft Entstehung und Tradierung von durch die Religionen bewirkten oder begünstigten oft verhängnisvollen Einstellungs- und Wahrnehmungsmustern analysieren. Praktische Religionswissenschaft leistet Hilfestellungen für Dialoge, indem sie den jeweiligen Vertretern der Traditionen ein umfassendes und differenziertes Bild der Religionen zur Verfügung stellt. Dieses Bild muss das Selbstverständnis der Religionen ernst nehmen und sich bemühen, das in ihnen begegnete Fremde nach Kräften vorurteilsfrei wahrzunehmen.

Der vorliegende Band bietet vielfältige Anknüpfungspunkte für den weltweit und „vor Ort“ so notwendigen interreligiösen Dialog.

**Prof. Dr. Udo Tworuschka**
*Lehrstuhl für Religionswissenschaft*
*Friedrich-Schiller-Universität*
*Jena, im Sommer 2005*

# Die Bahá'í

Die Bahá'í-Religion ist eine sich schnell ausbreitende Weltreligion, entstanden Mitte des 19. Jahrhunderts. Hinter dem Christentum liegt sie an zweiter Stelle in der globalen geographischen Ausbreitung. Die Bahá'í-Gemeinschaft stellt ein Abbild menschlicher Vielfalt dar. Im Jahr 2006 setzte sie sich aus ca. siebeneinhalb Millionen Gläubigen weltweit zusammen, die in mehr als 100.000 Orten lebten und über 2100 verschiedene ethnische Gruppen repräsentierten.[1]

Die Bahá'í-Religion wurde von Bahá'u'lláh (1817-1892) gestiftet. Als Sohn eines adeligen persischen Staatsministers hätte er traditionsgemäß ein luxuriöses Leben mit standesgemäßer weltlicher Macht führen können, doch er verzichtete darauf. 1863 verkündete Bahá'u'lláh seine Botschaft, mit dem Anspruch, der Gottesbote für die heutige Zeit zu sein, wie zu ihrer Zeit Christus oder Muhammad. Wegen dieses Anspruches und seiner fortschrittlichen Lehren wurden Bahá'u'lláh und seine Anhänger von weltlichen und religiösen Machthabern energisch verfolgt. Bahá'u'lláhs Leben, Wirken und Leiden sind vergleichbar mit denen anderer

großer Religionsstifter. Seine 40-jährige Gefangenschaft und Verbannung führten ihn quer durch das persische und osmanische Reich bis hin nach 'Akká ('Akko) im heutigen Israel. Trotz der Verfolgung durch seine Feinde nahm sein Einfluss stetig zu.

Heute sind Bahá'u'lláhs Lehren weit verbreitet. Weltweit nutzen Menschen sie als inspirierenden Antrieb zur persönlichen und gesellschaftlichen Entwicklung.

Bahá'u'lláh erklärt, dass es nur einen Gott gibt, ungeachtet der verschiedenen Namen, die die Menschen ihm geben. Ferner sagt er, dass das Wesen Gottes für den Menschen unergründlich und dass Gott der allumfassende Schöpfer ist, der alles aus Liebe erschaffen hat.

Nach den Bahá'í-Schriften entstammen alle Religionen derselben göttlichen Quelle. Die Absicht der Religionsstifter war stets, das Wohl des Einzelnen und der Gemeinschaft zu fördern. Sie wollten Frieden und Eintracht stiften, keinen Hass oder Krieg verursachen. Bahá'u'lláh vergleicht die Gottesboten mit reinen Spiegeln, die das Licht Gottes wiedergeben und dem Menschen so ermöglichen, Gott zu erkennen. Unterschiede zwischen den Religionen sind allein dadurch bedingt, dass die Boten Gottes zu verschiedenen Zeiten und an verschiedenen Orten gewirkt haben. Ihre Lehren entsprachen jeweils den Bedürfnissen und Problemen der Zeit.

Bahá'u'lláhs Vision zur Lösung gegenwärtiger Herausforderungen umfasst grundlegende Prinzipien zur Verwirklichung des Weltfriedens. Er sieht die ganze Menschheit als eine Einheit und einen einzigen Organismus.

*„[Ihr] seid die Früchte eines Baumes und die Blätter eines Zweiges. Verkehrt miteinander in inniger Liebe und Eintracht, in Freundschaft und Verbundenheit. ... So machtvoll ist das Licht der Einheit, dass es die ganze Erde erleuchten kann."*[2]

Der Prozess, durch den die Menschheit geeint wird, geht mit einer Reihe häufig kleiner praktischer Schritte einher. Bahá'u'lláh erläutert in seinen Schriften dazu wesentliche Aspekte, wie die eigenständige Suche nach Wahrheit, die tatsächliche Gleichberechtigung von Frau und Mann, den Abbau von Vorurteilen, die Stärkung der Einheit in der Familie oder den offenen, freien Meinungsaustausch.

Aus Bahá'í-Sicht beeinflusst die innere, spirituelle Entwicklung des Einzelnen den gesellschaftlichen Fortschritt. Gebet, Meditation und Nachsinnen über Heilige Schriften können diese Entwicklung fördern. Jeder Mensch ist ***„ein Bergwerk, reich an Edelsteinen von unschätzbarem Wert"***[3]. Der Glaube kann dem Menschen helfen, seine wertvollen inneren Eigenschaften zu entfalten. Damit dient er zugleich sich selbst und

der Gesellschaft. Nach den Bahá'í-Lehren drückt sich wahrer Glaube in Taten aus.

Bahá'u'lláh verfasste über 15.000 Schriftstücke, Sendbriefe und Bücher in arabischer und persischer Sprache, die weitgehend im Originaltext erhalten sind. Dieses umfangreiche Schrifttum enthält unter anderem Gebete, mystische Werke, Auslegungen anderer heiliger Bücher, Gesetze und Verordnungen, Schriften mit Bezug auf weltpolitische Fragen und verschiedene Wissenschaften sowie ethische Grundsätze, als Grundlage für persönlichen und gesellschaftlichen Wandel.

Bahá'u'lláh setzte seinen Sohn 'Abdu'l-Bahá testamentarisch als seinen Nachfolger ein. 'Abdu'l-Bahá führte die junge Bahá'í-Gemeinde fast 30 Jahre, bis zu seinem eigenen Hinscheiden. Er erläuterte und vertiefte die Bahá'í-Lehre in vielen Briefen und Vorträgen, denn er war von

Bahá'u'lláh autorisiert worden, die Heiligen Schriften verbindlich auszulegen. In seinem Testament traf 'Abdu'l-Bahá schließlich Vorkehrungen für die weitere Nachfolge. Diese klaren Bestimmungen bildeten eine der Grundlagen dafür, dass die Einheit der Bahá'í-Gemeinde trotz ihrer über 150-jährigen Geschichte und ihrer weltweiten Verbreitung von Beginn an gewahrt werden konnte.

Wie in ihren Heiligen Schriften vorgesehen, gibt es in der Bahá'í-Religion keine Geistlichkeit. Die Gemeindeverwaltung wird von zwei einander ergänzenden Flügeln gebildet: Einerseits demokratisch gewählte Gremien auf örtlicher und nationaler Ebene, die aus je neun Mitgliedern bestehen und „Geistige Räte" genannt werden; andererseits auf kontinentaler und globaler Ebene besonders geeignete Gläubige, die sogenannten „Berater". Diese Berater werden auf Zeit von der obersten Bahá'í-Institution ernannt. Diese Institution, das Universale Haus der Gerechtigkeit, wird alle fünf Jahre von den Mitgliedern aller Nationaler Geistiger Räte demokratisch gewählt.

Allein das Universale Haus der Gerechtigkeit und die Geistigen Räte üben als Gremien alle legislative und exekutive Autorität in der Gemeinde aus. Aufgabe der Berater ist es, Geistigen Räten und einzelnen Gläubigen mit Wissen und Weisheit zur Seite zu stehen, sie zu ermutigen und sich um das allgemeine Wohlergehen der Gemeinde zu kümmern.

Die Bahá'í-Gemeindeordnung versteht sich als Modell für internationale Zusammenarbeit und zeigt, wie menschliche Vielfalt friedlich vereint werden kann.

# Das Gottesbild der Bahá'í

Nach der Bahá'í-Lehre gibt es nur einen Gott. In den jeweiligen Kulturen und Religionen werden ihm lediglich verschiedene Namen und Eigenschaften zugeschrieben (wie beispielsweise „Alláh", „Gott", „Jehova", der „Allmächtige", die „erste Ursache"). Bahá'u'lláh erklärt, dass das Wesen Gottes nicht beschreibbar oder fassbar ist. Gott besitzt eine eigene Daseinsstufe, die der Mensch nicht verstehen kann.

## Gott, der Schöpfer

Der Mensch kann sich das Wesen Gottes zwar nicht vorstellen, jedoch Gottes Eigenschaften erkennen und spüren. Diese Eigenschaften sind prinzipiell in der Natur und im Menschen angelegt bzw. werden dort widergespiegelt. Man stelle sich einen Maler vor, der ein Gemälde erschafft. Das fertige Gemälde trägt viel vom Maler in sich, ohne selbst der Maler zu sein oder ihn verstehen zu können. Ebenso, sagt Bahá'u'lláh, ist es mit der Schöpfung und Gott. Obwohl die Schöpfung viele göttliche Eigenschaften in sich trägt, kann sie Gottes Wesen doch niemals erfassen.

*„Verhüllt in Meinem unvordenklichen Sein und in der Urewigkeit Meines Wesens, wusste Ich um Meine Liebe zu dir. Darum erschuf Ich dich, prägte dir Mein Ebenbild ein und offenbarte dir Meine Schönheit."*[4]

## Die Rolle der Gottesboten

Durch die Gottesboten findet der Mensch Zugang zu Gott, besagt die Bahá'í-Lehre. Moses, Buddha, Christus, Muhammad oder Bahá'u'lláh gehören zu diesen Boten. Sie können mit reinen Spiegeln verglichen werden, die das Licht der Sonne Gottes widerspiegeln und seine Botschaft verkünden. Bahá'u'lláh sagt über die Gottesboten:

*„Ein jeder von Ihnen ist ein Spiegel Gottes, Der nichts ausstrahlt als Sein Selbst, Seine Schönheit, Seine Macht und Herrlichkeit... Diese Spiegel werden ewig aufeinander folgen..."*[5]

Die Lehren, die die Gottesboten vermitteln, helfen dem Menschen, Gottes Willen und seine Eigenschaften, wie Liebe, Barmherzigkeit, Macht oder Gerechtigkeit, zu erkennen.

# Die Religionen Gottes

*„Gott, der Schöpfer, spricht: Es gibt keinerlei Unterschied zwischen den Trägern Meiner Botschaft. Sie alle haben nur ein Ziel, ihr Geheimnis ist das gleiche."*[6]

*„Dass sie [die Religionen] voneinander abweichen, ist den unterschiedlichen Erfordernissen der Zeitalter zuzuschreiben, in denen sie verkündet wurden."*[7]

## Die Einheit der Religionen

Bahá'u'lláh betont die Einheit der Religionen. Demnach stammen alle Religionen von demselben Gott, ob Hinduismus, Judentum, Zoroastrismus, Buddhismus, Christentum, Islam oder Bahá'í-Religion. Bahá'u'lláh erklärt, dass alle Religionsstifter die gleichen, ewigen Grundwahrheiten verkünden; sie fordern die Menschen z. B. auf, geistig gesinnt, rechtschaffen oder barmherzig zu sein. Die Religionsstifter selbst haben nie den göttlichen Ursprung der vorangegangenen Religionen angezweifelt. Auch das zukünftige Folgen weiterer Religionen wurde immer nur von Menschen bestritten.

## Die Kette aufeinander folgender Religionen

Neben den ewigen Grundwahrheiten verkündet jeder Gottesbote auch neue Lehren. Sie entsprechen den Umständen, Bedürfnissen und Problemen seiner Zeit:

### Zwei Teile der Religion

**1 Unveränderlicher Teil**

*Ethik und Spiritualität:* Sie motivieren den Menschen z. B. zu Aufrichtigkeit, Rechtschaffenheit, Nächstenliebe oder Liebe zu Gott. Diese Lehren sind zeitlos und entsprechen einander in den Religionen.

**2 Veränderlicher Teil**

*Orts- und zeitabhängige Verordnungen und Gesetze:* Sie beziehen sich auf Entstehungszeit und -ort einer Religion und regeln Aspekte wie Fasten, Eheschließung oder Strafen für Verbrechen. Darin unterscheiden sich die Religionen zum Teil erheblich. Diese Lehren unterliegen dem Fortschritt und sind vergänglich.

*„Jeder Prophet, den der allmächtige, unvergleichliche Schöpfer zu den Völkern der Erde zu senden beschloss, war mit einer Botschaft betraut und in einer Weise zu handeln beauftragt, wie sie den Erfordernissen des Zeitalters, in dem Er erschien, am besten entsprach."*[8]

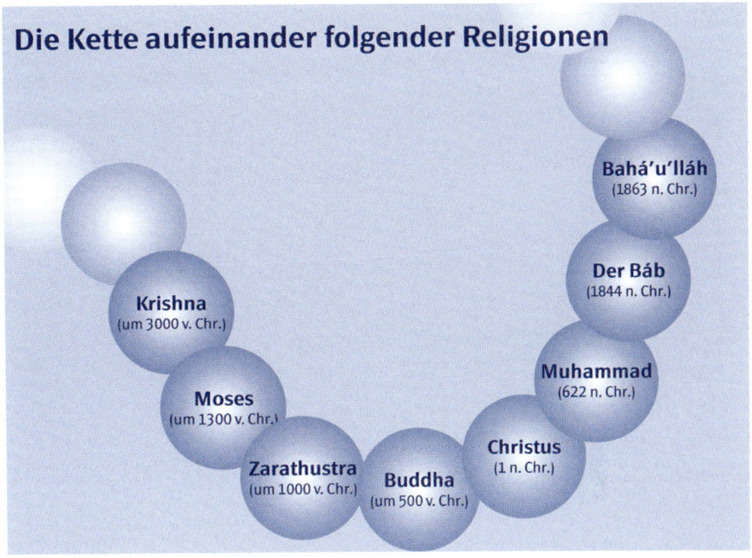


Daher gibt es in den Religionen unterschiedliche soziale Lehren, z. B. zur Stellung der Frau oder zur Gesellschaftsordnung.

Jede Religion bringt der Menschheit neue Impulse und fördert ihre weitere Entwicklung. Dementsprechend bauen die Lehren von Gottesboten wie Moses, Christus, Muhammad oder Bahá'u'lláh aufeinander auf. Das Ziel aller Religionen ist, eine *„ständig fortschreitende Kultur voranzutragen"*[9].

Da sich die Gesellschaft stetig weiter entwickelt, wird die Kette der aufeinander folgenden Religionen nie enden. Die Bahá'í glauben, dass nach Bahá'u'lláh in großen Abständen auch weitere Gottesboten erscheinen werden.

## Die Erneuerung der Religion

Jede Religion durchlebt natürliche Veränderungen. 'Abdu'l-Bahá vergleicht die Phasen der Entstehung, des Aufbaus und des Niedergangs einer Religion mit den vier Jahreszeiten. Dieser Zyklus wiederholt sich bei jeder neuen Religion.

**Frühling (Blütezeit):**
Im Frühling befruchtet die neue Religion die Menschheit und schenkt ihr frisches Leben.

**Sommer (Reifezeit):**
Im Sommer erreichen Licht und Wärme der Religion ihren Höhepunkt.

**Herbst (Verfallszeit):**
Im Herbst rütteln verheerende Winde an den Früchten der Religion.

**Winter (Kältezeit):**
Im Winter erstarrt die Religion in trostloser Kälte - Gewohnheitsriten, Spaltungen und Sittenverfall sind die Folge.

# Die Erde – ein Land

*„Es rühme sich nicht, wer sein Vaterland liebt, sondern wer die ganze Welt liebt. Die Erde ist nur ein Land, und alle Menschen sind seine Bürger."*[10]

Das Thema „Einheit" bildet den Kern aller Bahá'í-Lehren; ihr Ziel ist, die Einheit der Menschheit zu verwirklichen. Bahá'u'lláh sah voraus, dass die Völker und Nationen zu einer Weltgemeinschaft zusammenwachsen werden [➲ Anhang 1: Bahá'u'lláhs Vision eines zukünftigen Weltgemeinwesens].

Viele seiner Schriften erläutern, wie Einheit, Frieden und allgemeiner Wohlstand erreicht und gesichert werden können. Zwar stimmen immer mehr Menschen dem Gedanken zu, dass die Menschheit eine Einheit bildet, doch die praktische Umsetzung ist schwierig. Welteinheit kann durch einen organischen Wandlungsprozess erreicht werden. Zu den größten Hindernissen gehören dabei die vielen, allgegenwärtigen Vorurteile.

## Einheit in Vielfalt

Die lange Entwicklungsgeschichte brachte eine überwältigende menschliche Vielfalt hervor, körperlich, kulturell usw. Doch trotz dieser Unterschiede entstammen alle Menschen derselben Wurzel – alle gehören zur menschlichen Familie. Die Bahá'í-Schriften betonen, dass Vielfalt einen großen Schatz darstellt. Sie vergleichen die Menschheit mit einem Garten, dessen Schönheit wesentlich vom Facettenreichtum der Blumen und Pflanzen, der Farben, Formen und Düfte abhängt. Verschiedenheit rechtfertig demnach weder Überheblichkeit noch Streit oder gar Krieg, im Gegenteil: Vielfalt ist eine Quelle der Freude.

## Weltfriede – Wunschtraum oder unausweichlich?

Der Weltfriede – häufig als Wunschtraum belächelt – ist aus Bahá'í-Sicht unausweichlich. Die Menschheit ist eine Einheit. Sie hat bisher viele Entwicklungsstufen durchlaufen, vom Zusammenschluss der Familiengruppen über Fürstentümer zu großen Nationen. Nach den Bahá'í-Schriften steht die Menschheit heute vor der Aufgabe, weltweit zusammenzuwachsen. Sie muss sich der Verantwortung für diesen Prozess stellen: ***„Ob der Friede erst nach unvorstellbaren Schrekken erreichbar ist, heraufbeschworen durch stures Beharren der Menschheit*** *auf veralteten Verhaltensmustern, oder ob er heute durch einen konsultativen Willensakt herbeigeführt wird, das ist die Wahl, vor die alle Erdenbewohner gestellt sind."*[11]

Die enge Verbundenheit aller Völker wird immer deutlicher und ihre gegenseitige Abhängigkeit wächst täglich, wie viele Beispiele zeigen: Das weltumspannende Kommunikations- und Verkehrssystem bringt Menschen aus aller Welt einander näher; die Wirtschaft drängt zu einem großen Weltmarkt; Wissenschaftler arbeiten ganz selbstverständlich auf internationaler Ebene; weltweiter kultureller Austausch befruchtet die Künste. Zugleich können Bedrohungen durch Kriminalität, Terrorismus, moderne Waffensysteme, wirtschaftliches Ungleichgewicht oder Umweltzerstörung oft nur durch weltweite Kooperation überwunden werden.

Im 20. Jh. hat u. a. die UN das Fundament zur Schaffung weltweiter politischer Institutionen gelegt. Die Bahá'í sehen in solchen Bemühungen eine überlebenswichtige Chance für die Menschheit, die erst dann zur Ruhe kommen wird, wenn sie sich mit ganzer Kraft der Verwirklichung ihrer Einheit widmet.

*„Das Wohlergehen der Menschheit, ihr Friede und ihre Sicherheit sind unerreichbar, solange ihre Einheit nicht fest begründet ist."*[12]

# Selbständige Suche nach Wahrheit

Eine zentrale Bahá'í-Lehre betrifft die freie und selbständige Suche nach Wahrheit. Laut Bahá'u'lláh kann und sollte jeder Mensch, unabhängig von anderen, mit Verstand und Herz nach Wahrheit forschen. Vorurteile, einengende Traditionen und irreführende Einflüsse anderer verlieren so ihre Macht.

'Abdu'l-Bahá sagt: ***„Die erste Lehre Bahá'u'lláhs ist die Pflicht jedes Menschen zur Wahrheitssuche. Was bedeutet das? Der Mensch muss alles vergessen, was er vom Hörensagen weiß, und die Wahrheit selbst suchen, weil er sonst nicht wissen kann, ob Gehörtes der Wahrheit entspricht oder nicht."***[13] Worte und Taten anderer Menschen dürfen nicht als Maßstab für die Suche nach Wahrheit gelten.[14]

Die Bahá'í beziehen ihre Orientierung aus den Heiligen Schriften ihres Glaubens. Jeder sollte sich mit den Lehren auseinandersetzen und ein Verständnis für sie entwickeln. Gegenseitiger Austausch zur Förderung der freien Meinungsbildung ist erwünscht; zu einer verbindlichen Auslegung für andere ist niemand autorisiert.

Niemand sollte gedankenlos den eigenen Glauben vom Bekenntnis der Eltern oder des Umfeldes bestimmen lassen. Woran ein Mensch glaubt, hängt von ihm selbst und seiner Suche ab; blindes Übernehmen von Traditionen verhindert Fortschritt. Das gilt ebenso für Kinder aus Bahá'í-Familien: Auch sie sind zur Wahrheitssuche verpflichtet und selbst für ihr Glaubensbekenntnis verantwortlich. In der Bahá'í-Religion gibt es keine Aufnahmerituale, auch keine Taufe. Mit dem 15. Lebensjahr können Jugendliche ihre Mitgliedschaft in der Bahá'í-Gemeinde bestätigen.

**Wie verbreitet sich die Bahá'í-Religion?**
Da der Glaube eines Menschen nur von ihm selbst abhängen kann, lehnen die Bahá'í aufdringlichen Bekehrungseifer ab. Sie stellen ihren Glauben vor, um anderen zu ermöglichen, die Lehren Bahá'u'lláhs kennen zu lernen und seinen Anspruch zu prüfen. Wer diesen Anspruch annimmt, ist ein Bahá'í und kann sich in der Bahá'í-Gemeinde registrieren lassen [➔ Wie wird man Bahá'í?].

# Die Gleichberechtigung von Frau und Mann

*„Im Angesicht Gottes waren Frauen und Männer von jeher gleich und werden es immer sein“*[15], schrieb Bahá'u'lláh und ging noch weiter als frühere Religionsstifter: Er lehrte nicht nur die geistige, sondern auch die soziale Gleichstellung der Geschlechter – damals wie heute für Viele eine Herausforderung.

Nach wie vor ist Bildungsmangel in vielen Ländern der Hauptgrund für die gesellschaftliche Benachteiligung von Frauen. Nach den Bahá'í-Lehren müssen Frauen die gleichen Bildungschancen, Arbeitsmöglichkeiten und Rechte wie Männer erhalten. Sollte eine Familie nicht in der Lage sein, allen Kindern eine Ausbildung zu finanzieren, haben die Töchter Vorrang. Denn als Mütter sind sie die ersten Erzieher der Kinder und tragen folglich eine große Verantwortung für die nächste Generation.

*„Die Menschenwelt besteht aus zwei Hälften: der männlichen und der weiblichen. Eine Hälfte ergänzt die andere. Glück und Sicherheit der Menschheit ist nur dann gewiss, wenn beide sich vervollkommnen.“*[16]

Gleichberechtigung bedeutet jedoch nicht, dass Frauen und Männer in allen Lebensbereichen die gleichen Funktionen wahrnehmen müssen. Schon die biologischen Unterschiede weisen auf unterschiedliche Möglichkeiten hin. *„In gewissen Dingen sind die Frauen den Männern überlegen, für andere wiederum sind Männer besser geeignet als Frauen und in vielen weiteren Bereichen spielt der Unterschied der Geschlechter überhaupt keine Rolle.“*[17] Die Gleichberechtigung verlangt ein neues Bewusstsein beider Geschlechter. Frauen wie Männer sind dafür verantwortlich, männlich geprägte Gesellschaften in solche zu verwandeln, die ausgewogen von weiblichen und männlichen Qualitäten profitieren.

'Abdu'l-Bahá weist darauf hin, dass die volle gesellschaftliche Integration der Frau eine der wichtigsten Voraussetzungen für die Beendigung von Kriegen ist. Erlangt sie angemessenen Einfluss in Politik, Rechtswesen, Wirtschaft und anderen Bereichen, wird die Frau der *„standhafteste Anwalt des Weltfriedens“*[18] sein.

# Religion und Wissenschaft Hand in Hand

*„Wenn wir sagen, Religion und Wissenschaft seien unvereinbar, haben wir weder verstanden, was wahre Wissenschaft noch was wahre Religion ist, denn beide beruhen auf den Voraussetzungen und Schlussfolgerungen der Vernunft und müssen ihrer Überprüfung standhalten."*[19]

Religion und Wissenschaft werden oft als unvereinbar betrachtet. Das liegt u. a. daran, dass häufig menschliche fehlbare religiöse Auslegungen wissenschaftlichen Theorien widersprachen und umgekehrt.

Bahá'u'lláh lehrt, dass Religion und Wissenschaft einander ergänzen. Sie bilden die Pole zur Erkenntnis der Wirklichkeit und müssen beide der Vernunft entsprechen. Scheinbare Widersprüche zwischen ihnen können durch menschliche Interpretationen oder unzureichende Forschung entstehen.

Religion und Wissenschaft sind aus Bahá'í-Sicht wie zwei Flügel des menschlichen Geistes, die harmonisch zusammen arbeiten müssen. Die Religion vermittelt ethische Maßstäbe, entfaltet die menschliche Spiritualität und fördert Liebe. Die Wissenschaft erforscht Naturgesetze, entwickelt neue Techniken und stellt Wissen für alle Belange bereit. Laut 'Abdu'l-Bahá sind sowohl Religion als auch Wissenschaft unersetzlich:

*„Wenn jemand versuchen wollte, nur mit dem Flügel der Religion zu fliegen, so würde er rasch in den Sumpf des Aberglaubens stürzen, während er andererseits nur mit dem Flügel der Wissenschaft auch keinen Fortschritt machen, sondern in den hoffnungslosen Morast des Materialismus fallen würde."*[20]

# Abbau von Vorurteilen

*„Die Erde ist eine Heimat; die Menschheit ist eine Familie und ein Haushalt. Unterscheidungen und Grenzen sind künstlich, von Menschen gemacht.“*[21]

Vorurteile wurzeln oft so tief, dass man sie gar nicht wahrnimmt, weder individuell noch in der Gesellschaft. Kaum jemand ist frei von ihnen. Sowohl Gruppen als auch Einzelne können Opfer verschiedenster Vorurteile werden, seien sie sozialer, rassischer, religiöser, nationaler oder anderer Art. Welchen Schaden Vorurteile anrichten, wird dem Menschen häufig erst bewusst, wenn er selbst auf Grund von Vorurteilen missverstanden, ungerecht behandelt oder ausgegrenzt wird.

Auf globaler Ebene haben Vorurteile noch wesentlich verheerendere Folgen für den gesellschaftlichen Fortschritt und bedrohen den Frieden. So sagt ‘Abdu’l-Bahá: ***„Alle Kriege und alles Blutvergießen in der Menschheitsgeschichte waren eine Folge von Vorurteilen.“***[22]

Die Bahá’í-Schriften fordern den Abbau von Vorurteilen und betonen, dass alle Menschen ***„aus dem gleichen Staub“*** erschaffen wurden, ***„damit sich keiner über den anderen erhebe“***[23].

Kinder werden vorurteilsfrei geboren. Erst im Laufe ihres Lebens übernehmen sie Vorurteile von Eltern und Umfeld. Erwachsene müssen sich ihrer eigenen Vorurteile bewusst werden und sich selbst ebenso wie die Kinder weltoffen erziehen. Andersartiges zu verstehen und zu respektieren ist eine der Voraussetzungen für ein friedliches Zusammenleben.

## Weitere Grundlagen gesellschaftlicher Entwicklung

- Stärkung der Familie als gesellschaftliche Basis
- Universelles Recht auf Bildung
- Recht auf Arbeit, für den eigenen Lebensunterhalt und das Gemeinwohl
- Überwindung der Extreme von Armut und Reichtum
- Wahl einer Welthilfssprache neben der Muttersprache
- Einführung einer Weltwährung
- Schutz von Natur, Umwelt und Ressourcen

# Die Natur des Menschen

Der Mensch, seine Wirklichkeit und Wesenszüge sind seit jeher zentrale Themen sowohl für die Religion als auch für Wissenschaften wie Philosophie, Medizin oder Psychologie. Ist der Mensch von Natur aus böse? Sind seine Handlungen triebgesteuert? Ist der Mensch nur die Summe verschiedener Gewebe und Organe oder gibt es eine vom Körper unabhängige Seele?

Die Bahá'í-Schriften erklären: *„Der Mensch ist seiner Wirklichkeit nach ein geistiges Wesen, und nur wenn er im Geiste lebt, ist er tatsächlich glücklich. Dieses geistige Verlangen und Empfinden besitzen alle Menschen gleicherweise ...“*[24]

Im Mittelpunkt dieses Menschenbildes steht die Entwicklung innerer Qualitäten. Wie die Religionsstifter vor ihm lehrt Bahá'u'lláh, dass der Mensch nach Gottes Ebenbild erschaffen wurde. Der Mensch kann potenziell alle Gott zugeschriebenen Eigenschaften, wie Liebe, Gerechtigkeit und Barmherzigkeit, in sich entdecken und entfalten.

Bahá'u'lláh beschreibt den Menschen als ein *„Bergwerk, reich an Edelsteinen von unschätzbarem Wert“*[25].

Durch eine ausgewogene körperliche, intellektuelle und religiöse Erziehung sowie durch eigenes Bemühen kann jeder Mensch seine Fähigkeiten und Eigenschaften entwickeln.

*„Betrachte den Menschen als ein Bergwerk, reich an Edelsteinen von unschätzbarem Wert. Nur die Erziehung kann bewirken, dass es seine Schätze enthüllt und die Menschheit daraus Nutzen zu ziehen vermag.“*[26]

## Die zwei Seiten des Menschen

*„Wahren Verlust erleidet, wer seine Tage in völliger Unkenntnis über sein wahres Selbst verbringt."*[27]

Dem „wahren Selbst" des Menschen wird das „niedere Selbst" gegenüber gestellt. Dieses niedere Selbst tritt nach Bahá'í-Ansicht in den Vordergrund, wenn der Mensch seine spirituelle Entwicklung vernachlässigt. Es stellt das Triebhafte dar und fördert Selbstsucht, Gier, Neid, Rücksichtslosigkeit und andere zerstörerische Kräfte. Wird ein Mensch von seinem niederen Selbst beherrscht, verwandelt sich vermeintliche Freiheit zunehmend in Unfreiheit: Der Mensch wird abhängig von seinen Leidenschaften. Spirituelle Impulse helfen ihm, sich auf sein wahres Selbst zu konzentrieren und sich dadurch seiner Natur gemäß zu entfalten. Dabei erkennen die Bahá'í-Schriften ausdrücklich die Notwendigkeit einer ausgewogenen Befriedigung körperlicher Bedürfnisse wie Nahrung, Schlaf oder Sexualität an.

*„Edel erschuf Ich dich, doch du hast dich selbst erniedrigt. So erhebe dich zu dem, wozu du erschaffen wurdest."*[28]

### Gibt es das Böse?

Der Mensch tut keineswegs nur Gutes. Hass, Vorurteile, Kriege oder Zerstörung sind weit verbreitet. Doch gibt es „das Böse", „den Teufel" oder „die Hölle" tatsächlich?

Die Bahá'í-Lehren besagen, dass es keine eigenständige böse Kraft gibt, auch keine teufelsartige Macht und keinen Ort der Verdammnis. „Das Böse" ist lediglich ein Begriff für den Mangel an Gutem, „die Hölle" ein Synonym für Gottferne. 'Abdu'l-Bahá schreibt:

*„Dieses Böse ist ein Nichtsein; so ist Tod das Nichtvorhandensein des Lebens. Wenn der Mensch kein Leben mehr erhält, stirbt er. Dunkelheit ist das Nichtvorhandensein von Licht: Wenn kein Licht da ist, herrscht Finsternis. Licht ist etwas, was wirklich da ist, aber Dunkelheit existiert nicht. Reichtum ist etwas Vorhandenes, aber Armut ist ein Nichtsein."*[29]

## Die menschliche Seele

Laut Bahá'u'lláh ist die Seele die innere Wirklichkeit des Menschen. Sie ist das, was den Menschen auszeichnet und ihn zu dem macht, was er ist. Dennoch bleibt die Seele ein Mysterium. Sie ist *„... ein Zeichen Gottes, ein himmlischer Edelstein, dessen Wirklichkeit die gelehrtesten Menschen nicht zu begreifen vermögen, und dessen Geheimnis kein noch so scharfer Verstand je zu enträtseln hoffen kann."*[30]

Obwohl es demnach unmöglich ist, das Wesen der Seele zu ergründen, werden in den Bahá'í-Schriften einige ihrer Kennzeichen beschrieben:

Die Seele ist unsterblich. Sie entwickelt sich nach dem körperlichen Tod weiter, *„bis sie die Gegenwart Gottes erreicht, in einem Zustand und einer Beschaffenheit, die weder der Lauf der Zeiten und Jahrhunderte noch der Wechsel und Wandel dieser Welt ändern können. ... Sie wird die Zeichen Gottes und Seine Eigenschaften offenbaren ..."*[31] [➲ Leben nach dem Tod; Der Sinn des Lebens]

Man kann die Seele des Menschen mit einem Samen vergleichen: Der Samen keimt, aus ihm wächst eine Pflanze – und allmählich wird erkennbar, dass ein einzigartiger Baum im Samen steckte. Ebenso entwickelt die Seele ihre Individualität durch die Entfaltung verborgener Eigenschaften. Dabei nutzt sie die ihr von Gott verliehenen Kräfte wie Liebes- und Erkenntnisfähigkeit oder Willens- und Entscheidungskraft.

## Seele, Verstand und Körper

Die Bahá'í-Schriften erläutern, dass sich die Seele während des irdischen Lebens des Menschen mit Hilfe seines Körpers und Verstandes entwickelt.

Der Verstand ist das *„Bindeglied zwischen der Seele und dem Leib"*[32]. Durch den Verstand kann sich die Seele im Körper ausdrücken und der Mensch rational denken, Dinge erfinden und Zusammenhänge entdecken. Der Verstand ist eine Stütze für den Menschen und hilft ihm, Gott, die Schöpfung und sein wahres Selbst zu erkennen.

Bahá'u'lláh sagt, dass die Seele jedoch vom Zustand des Verstandes oder Körpers unabhängig ist:

*„Wisse, dass die Seele des Menschen über alle Gebrechlichkeit des Leibes und des Verstandes erhaben und davon unabhängig ist. Dass ein Kranker Zeichen der Schwäche aufweist, ist den Hindernissen zuzuschreiben, die sich bei ihm zwischen Seele und Leib legen; denn die Seele selbst bleibt unberührt von jedem körperlichen Leiden. Denke an das Licht der Lampe. Wenn auch ein Gegenstand von außen ihr Strahlen beeinträchtigen kann, so scheint das Licht selbst doch mit unverminderter Stärke weiter. Ebenso ist jedes Gebrechen des menschlichen Leibes ein Hindernis für die Seele, das sie davon abhält, ihre innere Kraft und Stärke zu zeigen. Wenn sie jedoch den Leib verlässt, wird sie solche Überlegenheit beweisen, solchen Einfluss entfalten, dass keine Macht der Erde dem gleichkommen kann. Jede reine, jede geläuterte und geheiligte Seele wird mit gewaltiger Macht begabt sein und in überschäumender Freude jubeln."*[33]

## Stufen des Geistes

In der Schöpfung gibt es unterschiedliche Stufen des Geistes; so weist die Pflanzenwelt den Geist des Wachstums auf, das Tierreich den Geist der Sinne und Instinkte.

Der menschliche Geist wird durch seine vernunftbegabte Seele gekennzeichnet. Diese besteht weder aus Materie noch unterliegt sie den Naturgesetzen. Der Mensch kann jedoch Gesetzmäßigkeiten in der Natur erkennen, sie wissenschaftlich erforschen und zum Wohle aller nutzen. Im Gegensatz zum Tier hat der Mensch auch einen freien Willen. Er kann z. B. gerecht oder ungerecht sein, zu viel essen oder tagelang hungern, ausgelassen sein oder ruhig. Mit seinem freien Willen kann der Mensch bewusst Entscheidungen treffen, ohne dabei von Instinkten oder Trieben abhängig zu sein.

Jede Daseinsstufe umfasst die vorherige. Ebenso, wie das Tierreich auch den Geist des Pflanzenreichs in sich trägt, verfügt der Mensch auch über Sinne und Instinkte des Tieres. Die vorherige Stufe kann jedoch die folgende nicht begreifen. Eine Pflanze kann beispielsweise das Wesen des Tieres nicht verstehen. Entsprechend kann auch der Mensch höhere Stufen des Geistes (z. B. den göttlichen Geist) nicht erfassen.

# Leben nach dem Tod

*„Wenn ein Käfig, in dem ein Vogel ist, zerstört wird, bleibt der Vogel unverletzt. ... Das gleiche gilt für den Geist des Menschen. Wenn auch der Tod seinen Körper zerstört, so hat er doch keine Macht über seinen Geist ..."*[34]

Die menschliche Seele lebt nach dem körperlichen Tod weiter, lehrt Bahá'u'lláh. Beim Verlassen des Körpers tritt die Seele in eine weder räumlich noch zeitlich begrenzte Welt ein. Es ist, als würde die Seele des Menschen – einem Vogel gleich – ihren zerbrochenen Käfig verlassen. Die Angehörigen erleben häufig den Tod als schmerzliches Ende, doch für den Verstorbenen selbst beginnt eine neue, umfassende Entwicklung – er betritt die nächste Daseinsstufe.

## Wie das Kind im Mutterleib

Die Bahá'í-Schriften vergleichen das Leben der Seele im Körper mit dem Leben des ungeborenen Kindes im Mutterleib. Aus diesem Vergleich ergeben sich einige Parallelen:

- Das ungeborene Kind kann sich die unvergleichlich größere Welt außerhalb des Mutterleibes nicht vorstellen. Entsprechend, schreibt Bahá'u'lláh, kann sich der Mensch die nächste Welt nicht vorstellen, denn das ***„Jenseits ist so verschieden vom Diesseits wie diese Welt von der des Kindes, das noch im Mutterleib ist."***[35]
- So, wie das Kind bei der Geburt seine beengte Welt verlässt, tritt der Mensch nach dem körperlichen Tod in eine spirituelle Welt ein, befreit von körperlichen Grenzen. Der kindliche Körper entwickelt im Mutterleib alles, was er später zum Überleben braucht, Augen, Beine usw. Die Bedeutung vieler Körperteile zeigt sich jedoch erst nach der Geburt. Im Mutterleib scheinen sie noch überflüssig.

Die Bahá'í-Schriften besagen, dass der Mensch während seines körperlichen Lebens seine geistig-spirituellen Potenziale entwickeln muss, um auch in der geistigen Welt „sehen" oder „laufen" zu können. Nach dem körperlichen Tod entdeckt die Seele die Bedeutung geistig-spiritueller Errungenschaften, wie Glaube, Erkenntnis, Freude oder Liebe. Wachstumsmangel im Mutterleib führt zu Körperbehinderungen; vergleichbar kann mangelndes geistig-spirituelles Wachstum während des irdischen Lebens in der nächsten Welt zu Einschränkungen führen.

- Das Kind im Mutterleib ist der Welt außerhalb ganz nahe, obwohl es sie weder kennt, noch versteht. Es kann z. B. Musik hören und spürt Berührungen der mütterlichen Bauchdecke. Es reagiert auch auf diese äußeren Einflüsse. Gleichermaßen lebt der Mensch nicht nur in einer materiellen, sondern auch in einer geistigen Welt, wird von dieser umgeben und auf eine Weise beeinflusst, die er nicht unmittelbar erfassen kann.
- Neues Leben entwickelt sich in der Gebärmutter schrittweise, von der befruchteten Eizelle bis zum geburtsreifen Kind. Ebenso, erklärt Bahá'u'lláh, durchläuft der Mensch im irdischen Leben verschiedene Entwicklungsstadien. Nach seinem körperlichen Tod geht es weiter: Der menschliche Geist durchschreitet *„Welten Gottes"*, die *„zahllos und unendlich weit"*[36] sind.
- Allerdings gibt es auch Unterschiede zwischen der Entwicklung im Mutterleib und der nach der körperlichen Geburt. Während das ungeborene Kind einer materiellen Welt entgegenwächst, bereitet sich der Mensch während seines irdischen Daseins auf ein ewiges geistig-spirituelles Leben vor. Außerdem kann das ungeborene Kind nicht über sein körperliches Wachstum entscheiden. Sobald er körperlich geboren ist, kann der Mensch dagegen zunehmend seine eigene Entwicklung beeinflussen und ist dafür verantwortlich.

***„Befreie dich aus den Banden dieser Welt und löse deine Seele aus dem Gefängnis des Selbstes. Ergreife die Gelegenheit, denn niemals kehrt sie wieder."***[37]

## Die Unsterblichkeit der Seele

Der Glaube an ein Leben nach dem Tod war über Jahrhunderte hinweg Gegenstand vieler Theorien und Auseinandersetzungen.

Die Bahá'í-Schriften geben viele Anhaltspunkte zu diesem umfangreichen Thema. Beispielsweise erklären sie, dass der menschliche Körper, wie alles Materielle, aus Elementen zusammengesetzt ist. Alles Zusammengesetzte unterliegt natürlichen Zerfallsprozessen, ist damit dem „Tod" unterworfen. Weiter heißt es in den Schriften: *„Mit der Seele ist es anders. Die Seele ist keine Verbindung von Elementen. Sie ist nicht aus vielen Atomen zusammengesetzt. Sie besteht aus etwas Unteilbarem und ist daher ewig. Sie steht gänzlich außerhalb des Ordnungsbereiches der physischen Schöpfung. Sie ist unsterblich."*[38]

### Fragen zum Sterben, Tod und Weiterleben

**Behalten wir nach dem Tod unsere Individualität und unser Bewusstsein? Wird man Freunde und Verwandte wiedersehen?**

*„Die Bahá'í-Lehren sagen ganz deutlich, dass es sehr wohl möglich ist, in der nächsten Welt die Verbindung zu unseren Lieben sicherzustellen. Nach den Aussagen Bahá'u'lláhs behält die Seele ihre Individualität und ihr Bewusstsein nach dem Tod bei und vermag mit anderen Seelen in Verbindung zu treten. Diese Gemeinschaft ist jedoch rein geistig und hängt von der uneigennützigen und selbstlosen Liebe der Menschen für einander ab."*[39]

**Gibt es Reinkarnation?**

Die Bahá'í-Religion lehrt, dass es keine körperliche Wiedergeburt in die materielle Welt gibt. Mit einem bildlichen Vergleich ausgedrückt: Nach der Geburt kann und will der Mensch nicht mehr in den Mutterleib zurückkehren.

*„Die Rückkehr der Seele nach dem Tod wäre der natürlichen Bewegung entgegengesetzt und stünde im Widerspruch zur göttlichen Ordnung."*[40]

**Leben alle Seelen weiter? Gibt es „Himmel" oder „Hölle"?**

Alle Seelen sind unsterblich und leben nach dem Tod des Körpers weiter. *„Himmel und Hölle sind Zustände unseres eigenen Seins."*[41]

„Himmel" beschreibt den Zustand der Nähe zu Gott, „Hölle" den des Fernseins von Gott [➔ Die Natur des Menschen, „Gibt es das Böse?"].

**Kann sich die Seele nach dem Tod weiter entwickeln?**
Weiterentwicklung ist ewig möglich. Gebete, gute Werke im Namen der Verstorbenen und die Gnade Gottes beeinflussen die Entwicklung der Seele in der geistigen Welt.

**Was ist, wenn junge Menschen sterben?**
*„Solche herzzerreißenden Geschehnisse unterliegen Gottes unerforschlicher Weisheit. Es ist, als pflanze ein liebevoller Gärtner einen jungen, zarten Busch von einem engen Platz weg in ein weites, offenes Feld. Diese Verpflanzung bedeutet nicht, dass der Busch welkt, schrumpft oder eingeht. Im Gegenteil, sie lässt ihn wachsen und gedeihen, verleiht ihm köstliche Frische, lässt ihn ergrünen und Frucht tragen. Dieses verborgene Geheimnis ist dem Gärtner wohlbekannt; nur Seelen, die solcher Gnadengaben unbewusst sind, wähnen, der Gärtner entwurzele den Busch aus Ärger und Zorn."*[42]

**Was denken die Bahá'í über Selbsttötung?**
Manche Lebensumstände scheinen unerträglich. Doch das körperliche Leben ist ein Geschenk Gottes, geschaffen als Wachstumszeit, die auf das geistige Leben vorbereitet. Deshalb lehnt die Bahá'í-Lehre Selbsttötung ab. Qualvolle Situationen können ausweglos erscheinen – doch es gibt immer einen Weg. Jeder Mensch ist für sich selbst verantwortlich. Darüber hinaus können sein Umfeld oder auch professionelle Berater ihm helfen, seine Probleme zu bewältigen.

# Der Sinn des Lebens

Die Frage nach dem Sinn des Lebens gehört zu den Kernthemen aller Religionen. Die Bahá'í-Schriften nähern sich dieser Frage sehr vielschichtig.

So kann man nach Bahá'í-Verständnis den Sinn des Lebens darin sehen, die eigene Natur zu erkennen, die eigene Seele auf ein Leben in geistigen Welten vorzubereiten oder der Menschheit zu dienen [➲ Aspekte des täglichen Lebens; Die Natur des Menschen; Leben nach dem Tod]. Eine Kernaussage Bahá'u'lláhs dazu ist:

*„Aus allem Erschaffenen hat Er [Gott] durch Sein besonderes Wohlwollen die reine, edelsteingleiche Wirklichkeit des Menschen auserwählt und mit der einzigartigen Fähigkeit ausgestattet, Ihn zu erkennen und die Größe Seiner Herrlichkeit widerzuspiegeln."*[43]

Der Mensch ist das einzige Geschöpf, das seinen Schöpfer bewusst erkennen, geistig-spirituelle Qualitäten entwickeln und in Taten umsetzen kann. Damit, so glauben die Bahá'í, verfügt er über ein Potenzial, das zugleich den Sinn seines Lebens birgt.

## Die ewige Reise der Seele

Die Bahá'í betrachten die menschliche Seele als unsterblich [➲ Leben nach dem Tod], auf einer ewigen Reise der Entdekkungen und des Wachstums befindlich. Auf dieser Reise ist der Mensch zunächst mit seinem Körper an die materielle Welt gebunden. Er entwickelt allmählich sei-

nen Verstand, der ihm hilft, nicht nur die materielle, sondern auch die spirituelle Realität zu erforschen: Die Seele kann ihren Schöpfer und ihr eigenes Potenzial erkennen. Sie kann alle in ihr verborgenen göttlichen Eigenschaften entwickeln. Sie kann zudem erfassen, dass Gott sie aus Liebe erschaffen hat und sich dazu entscheiden, diese Liebe zu erwidern: ***„Von Herzen wünschte Ich, dich zu erschaffen, also erschuf Ich dich. Nun liebe du Mich, damit Ich deinen Namen nenne und deine Seele mit dem Geiste des Lebens erfülle.“***[44] Außerdem kann die Seele auch das Wesen irdischen Lebens begreifen: Die materielle Welt stellt alles für das körperliche Leben bereit – sie ist allerdings vergänglich. Bahá'u'lláh vergleicht sie mit einer Fata Morgana.

***„Die Welt ist nur Schein, eitel und leer, ein bloßes Nichts, das der Wirklichkeit ähnelt. Hängt euere Liebe nicht an sie … Wahrlich, Ich sage, die Welt ist wie die Luftspiegelung in der Wüste, von der der Durstige wähnt, sie sei Wasser, und zu der er mit aller Kraft hinstrebt, bis er sie im Näherkommen als reine Sinnestäuschung erkennt.“***[45]

Die Bahá'í-Religion lehrt, dass die Seele auf dieser ewigen Reise immer Hilfe finden kann, z. B. durch die Führung, die ihr die Schriften der Religionsstifter schenken oder durch Gebet. Ob der Mensch geistig-spirituelle Qualitäten erwirbt oder sein Leben ausschließlich auf materielle Dinge ausrichtet, liegt in seiner eigenen Verantwortung. Wenn der Körper stirbt, setzt die Seele ihre ewige Reise mit den zuvor erlangten spirituellen Fähigkeiten fort. Je besser sie diese Fähigkeiten entwickelt hat, desto leichter fällt ihr der weitere Weg.

# Schicksal und freier Wille

Die Bahá'í-Schriften unterscheiden zwei Formen des Schicksals: das unvermeidliche (*„bestimmte"*[46]) und das vermeidbare (*„bedingte"*[47]) Schicksal. Beispielsweise ist es das unvermeidliche Schicksal einer Kerze, dass sie ihr Wachs allmählich verbraucht und das Licht irgendwann zwangsläufig erlischt. Um vermeidbares Schicksal würde es sich handeln, wenn die Kerze durch einen Windstoß ausgelöscht würde; das vorzeitige Verlöschen ließe sich durch einfache Schutzmaßnahmen vermeiden. Nach den Bahá'í-Lehren kann das vermeidbare Schicksal sowohl durch vernünftiges Handeln als auch durch Gebet beeinflusst werden.

'Abdu'l-Bahá sagt, dass der Mensch in vielen Dingen über einen freien Willen verfügt. Täglich entscheidet er in kleinen wie großen Zusammenhängen darüber, wie er handelt, seine Zeit nutzt, seine Kräfte einsetzt, welche Richtung sein Leben nimmt. Gleichzeitig entziehen sich jedoch viele Aspekte des Lebens seiner eigenen Kontrolle und er ist gezwungen, Dinge wie Krankheiten, Unfälle, Verletzungen und Tod zu erdulden, ohne immer dafür verantwortlich zu sein.

Ähnlich ist es mit dem menschlichen Leiden. Manches ist die Folge eigener Entscheidungen, anderes wird von Mitmenschen verursacht, manches von Kräften der Natur und wieder anderes durch die zufälligen Abläufe des Lebens. Die Bahá'í-Schriften ermutigen dazu, in jeder Lebenslage auf die Güte und das Wohlwollen eines gnädigen, gerechten und liebenden Gottes zu vertrauen. Orientierung bieten dabei die Grundsätze, die Bahá'u'lláh für ein befriedigendes Leben offenbart hat, das von Lebensfreude, Geduld und Rechtschaffenheit gekennzeichnet sein soll.

Angesichts des vielen Leids in der Welt drängt sich die Frage auf, warum ein gnädiger und allmächtiger Gott so etwas zulässt und warum Unschuldige leiden und sterben. Diese Frage ist eine der ältesten Fragen der Menschheit und entsprechend den Aussagen 'Abdu'l-Bahás ist sie eines der großen Mysterien Gottes. Die Bahá'í-Schriften betonen jedoch, dass Gott die Menschheit weder vergessen hat noch ihr schaden möchte und dass auch leidvolle Erfahrungen Quelle neuer Erkenntnisse und Entwicklungsmöglichkeiten sein können.

## Eine mystische Erzählung über eine der Bedeutungen des Leids

*„Es wird erzählt, wie ein liebender Mann durch lange Jahre hindurch unter den Qualen der Trennung von der Geliebten gelitten hatte und vom Feuer des Fernseins verzehrt ward. Durch die Gewalt der Liebe wurde sein Herz der Geduld bar und sein Körper des Lebens müde. Leben ohne sie schien ihm Blendwerk, und die Zeit begann, ihn zu verzehren. ...*

*Schließlich trieb der Baum seiner Sehnsucht die Frucht der Verzweiflung, und das Feuer seiner Hoffnung erstarb in der Asche, so daß er eines Abends lebensmüde sein Haus verließ und die Straße hinauszog. Plötzlich gewahrte er, wie ihn eine Nachtwache verfolgte. Er versuchte zu fliehen, doch die Wache eilte ihm nach, und es wurden ihrer viele, so daß ihm am Ende jeder Ausweg verstellt war. Gehetzt schrie er auf, lief ohne Ziel hin und her und stöhnte: »Gewiß ist diese Wache ... mein Engel des Todes, daß sie sich so eilt, mich zu packen, oder es ist ein Menschenschinder, der nach mir greift.«*

*So kam dieser weidwunde Liebende mit Füßen, die liefen, und einem Herzen, das ächzte, bis an die Mauer eines Gartens, die er mit größter Mühe erklomm. Aber oben angelangt, erkannte er ihre schwindelnde Höhe und stürzte sich, sein Leben nicht achtend, hinab in den Garten. Doch siehe, welch ein Anblick! Dort war seine Geliebte, eine Lampe in der Hand, einen Ring suchend, den sie verloren hatte. Und als er, der sein Herz verloren, sie, die es ihm geraubt hatte, ansah, entrang sich ihm ein Seufzer der Erlösung, und er rief, die Hände zum Himmel erhoben: »O Gott, gib der Wache Ruhm, Reichtum und langes Leben, denn sicher war sie der Engel Gabriel, der mich geführt hat, oder ... der Engel des Lebens, der mich, den Gequälten, erquickte.«*

*Dieser Mann hatte recht, denn wieviel Gerechtigkeit und Erbarmen waren in der scheinbaren Grausamkeit jener Wache verborgen! In ihrem Grimm hatte sie den in der Wüste der Liebe Verdurstenden zum Meere der Geliebten geführt und die Finsternis der Trennung durch das Licht des Wiedersehens vertrieben. Sie hatte den Entfernten in den Garten der Nähe und die leidende Seele zum Arzte des Herzens geleitet. ...“*[48]

*Bahá'u'lláh*

# Wozu Religion?

Während manche Menschen Religion als Quelle der Liebe und Spiritualität empfinden, betrachten andere sie als Ursache von Fanatismus und Krieg. Die Bahá'í glauben, dass von jeder Religion in ihrer ursprünglichen Form unersetzliche Entwicklungsimpulse für den Einzelnen und die Gesellschaft ausgehen. Wird die Religion aber von Menschen verändert oder missbraucht, kann tatsächlich großes Leid folgen. So heißt es in den Bahá'í-Schriften:

***„Die Religion sollte alle Herzen vereinen und Krieg und Streitigkeiten auf der Erde vergehen lassen, Geistigkeit hervorrufen und jedem Herzen Licht und Leben bringen. Wenn die Religion zur Ursache von Abneigung, Hass und Spaltung wird, so wäre es besser, ohne sie zu sein, und sich von einer solchen Religion zurückzuziehen, wäre ein wahrhaft religiöser Schritt."*** [49]

Jedes Zeitalter hat seine eigenen Bedürfnisse und Herausforderungen. Die Bahá'í glauben, dass gesellschaftlicher Wandel mit religiöser Entwicklung einhergehen muss. Alle Religionen lehren unvergängliche Wahrheiten, wie die Notwendigkeit der Liebe und des Glaubens. Trotzdem unterliegen alle Religionen dem Prozess des Aufbaus und Verfalls. Die Geschichte verzeichnet unzählige Versuche, Religionen zu reformieren, was häufig zu Spaltung, Fanatismus und Konflikten führte. Die Bahá'í-Lehren sagen dazu, dass nur Gott die Autorität besitzt, mittels seiner Offenbarer in die Religionsgeschichte einzugreifen [➲ Die Religionen Gottes]. Diese Gottesboten beleben die ewigen, manchmal vergessenen Wahrheiten und bringen neue Impulse, die dem jeweiligen Stand der Menschheit entsprechen und ihre Entwicklung weiter fördern.

## Religion – ein spiritueller Weg

'Abdu'l-Bahá schreibt:

*„Der Mensch ist immer auf das Höhere hin gerichtet, und sein Trachten geht nach oben ... Das Streben nach Erhöhung ist eines der menschlichen Kennzeichen."* [50]

Aus Bahá'í-Sicht helfen religiöse Lehren dem Menschen, seine spirituellen Anlagen zu erkennen und zu entfalten. Jeder Mensch sehnt sich nach Liebe und

Zufriedenheit. Wenn er sein Glück ausschließlich in der Veränderung äußerer Umstände sucht, wird er es nicht finden, weil er sich damit vom Umfeld, d. h. von Vergänglichem abhängig macht. Aus dieser Abhängigkeit kann er sich gemäß den Bahá'í-Lehren lösen, indem er sich Gott zuwendet, in Gebet, Meditation und tiefem Nachdenken. Spirituelle Erfahrungen spenden eine ungeahnte Kraft, die hilft, mit den Herausforderungen des Lebens gelassen und vertrauensvoll umzugehen.

Im Alltag sucht der Mensch oft Befriedigung in finanziellem Erfolg, familiärer Wärme, gesellschaftlichem Ruhm oder körperlichen Extremerfahrungen. Bleiben diese Ziele alleiniger Lebensmittelpunkt, kann der Mensch jedoch keine Zufriedenheit finden. Schnell verfliegt der Rausch und er braucht die nächste Befriedigung von außen, um die innere Leere zu überdecken. Das Gefühl innerer Leere kann nach Bahá'í-Verständnis entstehen, wenn die Bedürfnisse der menschlichen Seele nicht gestillt werden – die Seele „hungert". Seelennahrung erwächst aus Spiritualität und die Quelle der Spiritualität ist die Religion.

## Gesetze und Autorität

Bahá'u'lláh erklärt, dass religiöse Lehren mehr sind als eine bloße Aufzählung von Ge- und Verboten: Sie führen den Menschen zu Zufriedenheit und wahrer Freiheit und sind daher ein Zeichen der Liebe Gottes. Er schreibt: *„Wisset mit Gewissheit, dass Meine Gebote die Lampen Meiner liebevollen Vorsehung unter Meinen Dienern und die Schlüssel Meiner Gnade für Meine Geschöpfe sind."*[51] Gebote sollten aus Liebe, nicht aus Angst vor Strafe befolgt werden. *„Haltet Meine Gebote aus Liebe zu Meiner Schönheit!"*[52]

Das menschliche Verständnis unterliegt natürlichen Grenzen, die menschliche Wahrnehmung ist eingeschränkt. Daher ist der Mensch unfähig, unfehlbare und für alle Menschen gleichsam geltende Maßstäbe zu setzen. Menschliche Maßstäbe sind immer nur ein Ergebnis der Vernunft, Erfahrung und kulturellen Prägung. Werte, Normen und Regeln, die für alle verbindlich sein sollen, können nur von einer höheren Autorität, also von Gott und seinen Boten stammen [➔ Das Gottesbild der Bahá'í].

# Der Báb – „Das Tor"

Die Bahá'í-Geschichte begann im 19. Jahrhundert in Persien (Iran), in einer von Fanatismus, Korruption und Ungerechtigkeit geprägten Gesellschaft. In der Stadt Shíráz erhob 1844 ein Mann namens Siyyid ʻAlí-Muhammad (1819-1850) den Anspruch, Stifter einer neuen Religion zu sein. Er nannte sich „Der Báb" (arab.: das Tor).

Der Báb brach mit veralteten islamischen Traditionen. Er forderte u. a. mehr Frauenrechte, Schulbildung für alle und stellte die Rolle des Klerus in Frage. Zudem betonte er die Einheit der Religionen sowie ihre aufeinander aufbauende Natur. Die fortschrittlichen und revolutionären Lehren des Báb führten zu einer Bewegung, die innerhalb weniger Jahre sehr großen Zulauf erlebte und die persische Gesellschaft ins Wanken brachte.

Die Geistlichkeit und die Regierung reagierten mit äußerster Härte. Dem Báb blieb nur kurze Zeit, seinen Glauben zu lehren. Er wurde verfolgt, eingekerkert und 1850 in Tabríz öffentlich hingerichtet. Vielen seiner Jünger erging es ebenso: Tausende wurden allein wegen ihres Glaubens getötet. Selbst in Europa erregten die Lehren des Báb, sein Wirken und die grausame Verfolgung seiner Anhänger öffentliches Aufsehen.

Zimmer im Haus des Báb, in dem er seine Sendung erstmalig verkündete

Der Báb erklärte, der Vorbote eines neuen Zeitalters der Gerechtigkeit zu sein – des goldenen Zeitalters, das alle vorangegangenen Propheten angekündigt hatten. Durch seinen Bruch mit alten Traditionen bahnte der Báb den Weg für eine neue göttliche Botschaft. Viele seiner Schriften beziehen sich auf den, ***„den Gott offenbaren wird"***[53] – einen Boten Gottes, der bald kommen und ***„mit einer höheren Macht begnadet"***[54] sein werde, als er selbst, und der die Menschheit zum Weltfrieden führen werde. Bahá'u'lláh beanspruchte im Jahr 1863, dieser Bote Gottes zu sein [➔ Bahá'u'lláh – Stifter der Bahá'í-Religion].

Der Ort der Hinrichtung des Báb in Tabríz (Iran)

# Bahá'u'lláh – Stifter der Bahá'í-Religion

*„Das Antlitz dessen, den ich erblickte, kann ich nie vergessen, und doch vermag ich es nicht zu beschreiben. Diese durchdringenden Augen schienen auf dem Grund der Seele zu lesen; Macht und Autorität lagen auf dieser hohen Stirn ... Hier bedurfte es keiner Frage mehr, vor wem ich stand, als ich mich vor einem Manne neigte, der Gegenstand einer Verehrung und Liebe ist, um die ihn Könige beneiden und nach der Kaiser sich vergeblich sehnen!"*[55]

Prof. E. G. Browne war im 19. Jh. einer der führenden westlichen Orientalisten. Er beschreibt hier seine Begegnung mit Bahá'u'lláh im Jahr 1890.

Leben und Person Bahá'u'lláhs (1817-1892) sind historisch durch umfangreiches Quellenmaterial dokumentiert.

Bahá'u'lláh wurde am 12. November 1817 in Teheran (Iran) geboren. Sein Geburtsname lautete Mírzá Husayn-'Alí; „Bahá'u'lláh" ist arabisch und bedeutet „die Herrlichkeit Gottes". Unter diesem Ehrentitel wurde er bekannt.

Bahá'u'lláh war der Sohn eines prominenten, adeligen Staatsministers. Doch Bahá'u'lláh wies weltliche Macht oder Reichtum von sich. Er lehnte es ab, wie üblich beim Tod des Vaters dessen Nachfolge am Königshof anzutreten. Stattdessen engagierte er sich für Kranke, Arme oder Unterdrückte. Man nannte ihn „Vater der Armen". Bahá'u'lláh war sehr naturverbunden. Am liebsten hielt er sich im Freien auf und genoss die Schönheit der Natur.

Schon als Kind und Jugendlicher fiel Bahá'u'lláh durch Charakterstärke und Tugendhaftigkeit auf, durch großes Wissen und einen klaren Verstand. Er war dadurch sehr beliebt. Augenzeugen berichten, wie er Theologen und Höflinge mit schlüssigen Beweisführungen beeindruckte. In der Öffentlichkeit trat er mutig und überzeugend auf, wie folgende Begebenheit zeigt, in der er die Stufe Jesu Christi verteidigt:

Als Jugendlicher war Bahá'u'lláh einmal zugegen, als ein berühmter, vom persischen Schah hochgeschätzter islamischer Philosoph (Mírzá Nazar-'Alí) eine Rede über die spirituellen Stufen hielt, die ein Mensch erlangen könne. Nach einer Weile schweifte der Redner ab und bemerkte: *„Wenn zum Beispiel in diesem Augenblick mein Diener einträte und mir mitteilte, draußen stünde Jesus Christus und bäte um die Erlaubnis, in meine Gegenwart zu gelangen, wäre ich derart losgelöst, dass ich es nicht nötig hätte, Ihn zu empfangen."*[56] Einige der Anwesenden schwiegen, andere stimmten dem

Gelehrten schmeichelnd zu. Bahá'u'lláh jedoch tadelte diese arrogante Herabwürdigung Jesu Christi, indem er fragte: *„Trotz der Tatsache, dass der König Ihr glühender Bewunderer ist, nehmen Sie bitte an, der Oberscharfrichter käme jetzt mit zehn Soldaten hier herein, um Sie zu verhaften und zum König zu bringen. Wären Sie unter diesen Umständen erschrocken und verwirrt, oder würden Sie seinen Befehlen ruhig und furchtlos gehorchen?"*[57] Nach kurzem Innehalten antwortete der Gelehrte: *„Um ehrlich zu sein, ich wäre sehr erschrocken, könnte nicht ruhig bleiben, und selbst meine Zunge wäre wie gelähmt."*[58] *„Wer in einer so schwachen Position ist,"* sagte Bahá'u'lláh, *„darf einen derartigen Anspruch nicht stellen."*[59] Die Zuhörer staunten sprachlos über den Mut, mit dem der junge Bahá'u'lláh den angesehenen Philosophen zurechtwies.

Bahá'u'lláh besuchte nie eine Schule. Wie damals für adelige Kinder in Persien üblich, unterrichtete man ihn im Reiten und dem Umgang mit Waffen, sowie in Kalligraphie, klassischer persischer Poesie und dem Koran.

Nachdem der Báb 1844 seine Religion gestiftet hatte [➔ Der Báb – „das Tor"], schloss Bahá'u'lláh sich ihm an und wurde einer der bedeutendsten Verfechter der neuen Lehre. Als die Anhänger des Báb so grausam verfolgt wurden, verhaftete man auch Bahá'u'lláh, trotz seiner angesehenen gesellschaftlichen Stellung. Damit begannen für ihn 40 Jahre leidvoller Gefangenschaft und Verbannung.

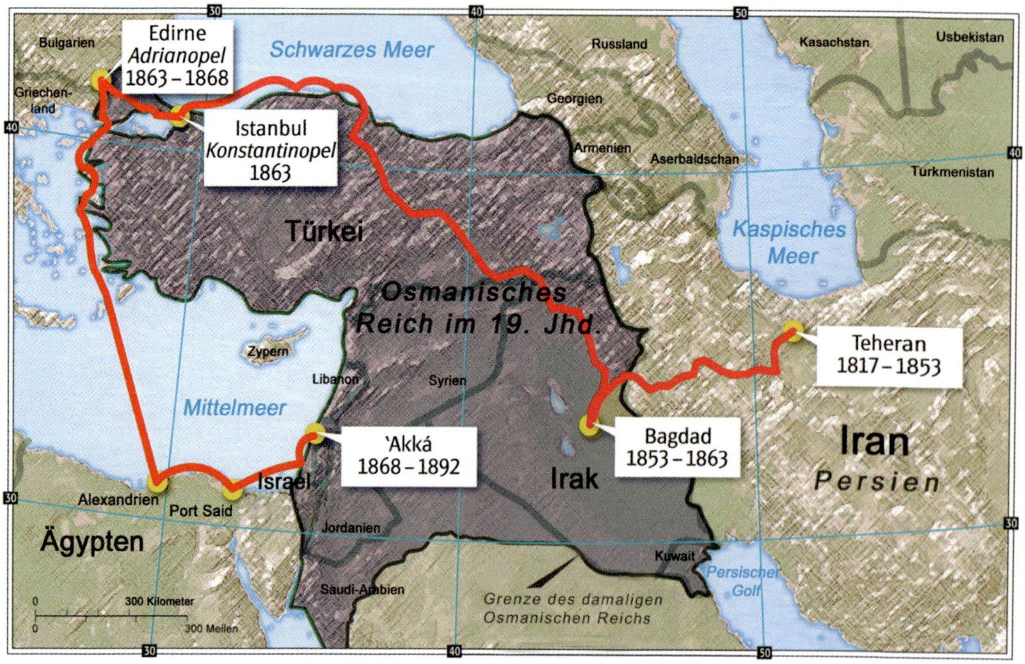


Der Verbannungsweg Bahá'u'lláhs

## Einkerkerung in Teheran (1852 – 1853)

In Teheran wurde Bahá'u'lláh zunächst vier Monate in einem berüchtigten unterirdischen Verlies eingekerkert, dem sogenannten „Síyáh-Chál" (pers.: das schwarze Loch). Dieses Verlies hatte ursprünglich als Wasserreservoir für ein öffentliches Bad gedient. Es war nach zeitgenössischen Berichten feucht, kalt, ungezieferverseucht, gänzlich verdreckt und stank unbeschreiblich. Dort wurden ungefähr 150 Gefangene in völliger Dunkelheit zusammengepfercht. Bahá'u'lláhs Füße schloss man in den Stock und legte seinen Hals in schwere Ketten, die lebenslang sichtbare Narben hinterließen.

Wie Bahá'u'lláh später berichtete, erlebte er hier erstmalig eine göttliche Offenbarung. Er beschrieb sie mit folgenden Worten:

*„Eines Nachts im Traum waren von allen Seiten diese erhabenen Worte zu hören: 'Wahrlich, Wir werden Dich durch Dich selbst und durch Deine Feder siegreich machen. Sei nicht traurig über das, was Dir widerfahren ist, und fürchte Dich nicht, denn Du bist in Sicherheit. Binnen kurzem wird Gott die Schätze der Erde offenkundig machen – Menschen, die Dir beistehen werden durch Dich selbst und durch Deinen Namen, durch welchen Gott die Herzen derer belebt, die Ihn erkannt haben.'"*[60]

Viele Mithäftlinge Bahá'u'lláhs wurden damals hingerichtet. Man wagte jedoch nicht, auch Bahá'u'lláh zum Tode zu verurteilen, denn einerseits genoss er hohes öffentliches Ansehen und andererseits hatten sich westliche Botschaften für ihn eingesetzt, die durch die entsetzlichen Massaker an den Anhängern des Báb aufmerksam geworden waren. So kam es, dass die Obrigkeit lediglich Bahá'u'lláhs gesamten Besitz konfiszierte und ihn, seine Familie und weitere Gläubige verbannte, obwohl auch dafür keine Rechtsgrundlage bestand. Durch die brutalen Haftbedingungen war Bahá'u'lláh so schwer erkrankt, dass man annahm, er werde ohnehin bald sterben. Man zwang ihn, binnen eines Monats das Land zu verlassen.

## Bagdad (1853 – 1863)

Bahá'u'lláhs erster Verbannungsort war Bagdad (im heutigen Irak). Die Verbannten mussten im Winter ohne ausreichende Nahrung oder Kleidung das tief verschneite west-iranische Gebirge überqueren. Nach monatelanger Reise erreichten sie Bagdad im April 1853.

Wie andere Religionsstifter vor ihm zog sich Bahá'u'lláh ungefähr ein Jahr später eine zeitlang in die Einsamkeit zurück, in die Wildnis der kurdischen Berge. Dort widmete er sich Gebet und Meditation.

In Bagdad zeigte sich etwas, das sich während des weiteren Leidensweges Bahá'u'lláhs ständig wiederholte: Obwohl er ein Verbannter war, wurde er schnell zum Anziehungspunkt für Viele. Ein stän-

Bagdad um die Jahrhundertwende

Kurz vor seiner Abreise verkündete Bahá'u'lláh die göttliche Botschaft, die er zehn Jahre zuvor im dunklen Verlies empfangen hatte. In einem Garten bei Bagdad erklärte er seinen Gefährten, dass er der Bote Gottes für die heutige Zeit sei [➲ Textkasten Der Anspruch Bahá'u'lláhs].

diger Strom von Menschen jeder Herkunft suchte Bahá'u'lláhs Rat, Arme und Reiche, Gebildete und Ungebildete, Muslime, Christen, Zarathustrier oder Juden.

Der rasch zunehmende Einfluss Bahá'u'lláhs beunruhigte die Machthaber und fanatischen Geistlichen des persischen und osmanischen Reiches sehr. Sie sahen ihre Machtbasis bedroht und hofften, mit einer Weiterverbannung Bahá'u'lláhs diese junge Religion zu vernichten.

*„Ich war nur ein Mensch wie andere und lag schlafend auf Meinem Lager. Siehe, da wehten die Lüfte des Allherrlichen über Mich hin und lehrten Mich die Erkenntnis all dessen, was war. Dies ist nicht von Mir, sondern von Einem, der allmächtig und allwissend ist. Und Er gebot Mir, Meine Stimme zwischen Erde und Himmel zu erheben ...“*[61]

## Der Anspruch Bahá'u'lláhs

1863 verkündete Bahá'u'lláh folgenden hohen Anspruch: Er ist ein Bote Gottes, der die nie endende Kette der aufeinander folgenden Religionen weiterführt. Er ist der Träger einer neuen Botschaft für die heutige Zeit.
Mit seinem Kommen erfüllen sich alle früheren Prophezeiungen: Die Bahá'í sehen in ihm u. a. Christus, wiedergekehrt *„in der Herrlichkeit des Vaters“*; die im Koran angekündigte *„Große Verkündigung“*; den fünften Buddha, Maitreya, den *„Buddha universaler Gemeinschaft“*[62]. Gott wird, so lehrt Bahá'u'lláh, in Zukunft in großen Abständen weitere Gottesboten senden [➲ Die Religionen Gottes].

In Bagdad verfasste Bahá'u'lláh viele Schriften, darunter drei seiner bekanntesten Werke:

- ***„Das Buch der Gewissheit"*** ist das bedeutendste Buch Bahá'u'lláhs aus dieser Zeit. Darin betont er u. a., dass es nur einen einzigen, nicht erklärbaren Gott gibt und dass alle Gottesboten ihre Lehren derselben göttlichen Quelle entnehmen. Er kommentiert christliche und islamische Prophezeiungen und erklärt deren Bedeutung für die heutige Zeit. Außerdem verurteilt er Blindgläubigkeit und schildert Voraussetzungen für selbständige Wahrheitsfindung.
- ***„Die Verborgenen Worte"*** sind ein zentrales ethisches Werk Bahá'u'lláhs. 153 kurze Passagen geben nach seiner eigenen Aussage den sittlichen Wesenskern der Botschaft aller Propheten wieder [➲ Textkasten Auszüge aus „Die Verborgenen Worte"].
- Die Schrift ***„Die Sieben Täler"*** wird als das größte mystische Werk der Bahá'í-Religion betrachtet. Bahá'u'lláh beleuchtet darin sieben Stadien, die der Sucher auf dem spirituellen Pfad zur Erkenntnis Gottes durchschreiten muss.

### Auszüge aus „Die Verborgenen Worte"

*„O Sohn des Seins!*
*Mute keiner Seele zu, was andere dir nicht zumuten sollen, und sprich nicht von dem, was du nicht tust. Dies ist Mein Gebot an dich. Gehorche ihm!"*[63]

*„O Sohn des Geistes!*
*Dies ist mein erster Rat:*
*Besitze ein reines, gütiges und strahlendes Herz, damit du unvergängliche Souveränität erlangest, während von Ewigkeit zu Ewigkeit."*[64]

*„O Sohn des Menschen!*
*Ist Wohlstand dir beschieden, so juble nicht, und ist Erniedrigung dein Los, so gräme dich nicht; denn beides wird vergehen und nicht mehr sein."*[65]

## Konstantinopel und Adrianopel (1863 – 1868)

Bahá'u'lláh wurde von Bagdad aus zunächst nach Konstantinopel (heute Istanbul), dann nach Adrianopel (heute Edirne) im europäischen Teil der Türkei verbannt. Aus Adrianopel sandte er einige bedeutende Schreiben an die einflussreichsten weltlichen und religiösen Herrscher seiner Zeit, u. a. an Napoleon III., Königin Victoria, Kaiser Wilhelm I., Sultán 'Abdu'l-'Azíz, Násiri'd-Dín Sháh, Papst Pius IX. und die Präsidenten der Republiken Amerikas. In diesen Botschaften verkündete er den Herrschern der Welt unmissverständlich seinen Anspruch. Darüber hinaus wies er sie auf die missliche Weltlage hin:

*„Betrachtet die Welt wie einen menschlichen Körper"*, schrieb Bahá'u'lláh an Königin Victoria von Großbritannien. *„Obwohl er bei seiner Erschaffung gesund und vollkommen war, ist er aus verschiedenen Ursachen von schweren Störungen und Krankheiten befallen worden. Keinen einzigen Tag lang wurde ihm Linderung zuteil, nein, im Gegenteil, sein Übel verschlimmerte sich, weil er in die Behandlung unwissender Ärzte fiel, die ihren persönlichen Wünschen nachgaben ..."*[66]

Über die Herrscher der Welt sagte Bahá'u'lláh: *„...Und wann immer einer von ihnen bestrebt war, den Zustand der Welt zu bessern, so lag sein Beweggrund, ob er es eingestand oder nicht, im eigenen Gewinn, und die Unwürdigkeit dieses Beweggrundes hat seine Heilkraft beschränkt."*[67]

Bahá'u'lláh zeigte den damaligen Herrschern die Vision der Welteinheit, lange bevor sich ein globales Bewusstsein entwickelte, zu einer von Nationalismus und Imperialismus geprägten Zeit, in der Krieg noch als selbstverständliches Mittel zur Durchsetzung eigener Interessen galt. Aus der Gefangenschaft forderte Bahá'u'lláh die Machthaber auf, einen internationalen Friedensprozess in Gang zu setzen. Doch sie ignorierten diese Botschaft.

Mit folgenden Worten skizzierte Bahá'u'lláh wesentliche Elemente eines Systems kollektiver Sicherheit:

*„Ihr Herrscher der Erde! Versöhnt euch miteinander, so dass ihr nicht mehr Kriegsrüstungen benötigt, als dem Schutz euerer Gebiete und Länder angemessen ist. ... Sollte einer unter euch gegen einen*

Kaiser Wilhelm I.
(Deutsches Reich)

Papst Pius IX.

Zar Alexander II.
(Russland)

Sultán 'Abdu'l-'Azíz
(Osmanisches Reich)

*anderen die Waffen ergreifen, so erhebt euch alle gegen ihn, denn dies ist nichts als offenbare Gerechtigkeit.“* [68]

Neben der Verfolgung durch Geistlichkeit und Regierung war Bahá'u'lláh zugleich inneren Widerständen aus der Gemeinde ausgesetzt. Dabei litt er vor allem unter der Auflehnung seines Halbbruders, Mírzá Yahyá (auch „Subh-i-Azal“ genannt). Ungefähr 1849 hatte der Báb Mírzá Yahyá als vorübergehenden Sachwalter der Bábi-Gemeinde eingesetzt, und ermahnte ihn, den anzuerkennen, *„den Gott offenbaren wird“*.[71] Je klarer der Anspruch Bahá'u'lláhs wurde, der vom Báb Verheißene zu sein, desto stärker wurden die Intrigen und Angriffe Mírzá Yahyás, mit einem Höhepunkt in Adrianopel. Mírzá Yahyás Ehrgeiz, selbst die Stellung Bahá'u'lláhs einzunehmen und ebenso beliebt zu werden, verleitete ihn sogar zu Mordanschlägen auf Bahá'u'lláh, dessen Familie und einige Anhänger.[72] Als Folge einer Vergiftung behielt Bahá'u'lláh zeitlebens ein Händezittern, das sich ab diesem Zeitpunkt auch in seinen Schriftzeugnissen zeigt. Mírzá Yahyá wurde später von der osmanischen Regierung nach Zypern verbannt; sein eigener Anspruch verhallte.

**Aus einem Appell Bahá'u'lláhs an Kaiser Wilhelm I. (1873):**

*„O König von Berlin! ... Hab acht, dass Hochmut dich nicht hindere, den Morgen göttlicher Offenbarung zu erkennen ...“*[69]

*„O Ufer des Rheins! Wir sehen euch mit Blut bedeckt, da die Schwerter der Vergeltung gegen euch gezückt wurden; und noch einmal wird es euch so ergehen. Und Wir hören das Wehklagen Berlins, obwohl es heute in sichtbarem Ruhme strahlt.“*[70]

Napoleon III. (Frankreich)

Königin Victoria (Großbritannien)

Kaiser Franz Joseph I. (Österreich-Ungarn)

Násiri'd-Dín Sháh (Persien)

## 'Akká (1868 – 1892)

Schließlich wurde Bahá'u'lláh 1868 nach 'Akká ('Akko, Israel) verbannt. Diese Strafkolonie war damals die größte Gefängnisstadt des osmanischen Reiches, berüchtigt für ihr schlechtes Klima und häufige Seuchen. Einem Sprichwort zufolge war die Luft so verpestet, dass *„ein Vogel, der über die Stadt flöge, tot herabfiele"*[73].

Das Gefängnis Bahá'u'lláhs in 'Akká (Israel)

Innenansicht der Gefängniszelle Bahá'u'lláhs

Hier begann für Bahá'u'lláh eine neue intensive Leidensphase. Man beschimpfte ihn in der Öffentlichkeit als „Gott der Perser", als „Feind der öffentlichen Ordnung" und „Verbreiter gotteslästerlicher, unmoralischer Ideen". Er wurde mit etwa 80 Gläubigen (darunter auch Jugendliche, Frauen und Greise sowie Bahá'u'lláhs Familie) grausamster Kerkerhaft unterworfen. Bald erkrankten fast alle; drei von ihnen starben schon unmittelbar nach ihrer Ankunft in der Gefängnisstadt.

Nach und nach wurden die Haftbedingungen jedoch gemildert, denn man erkannte, dass die Anschuldigungen gegen Bahá'u'lláh und seine Gefährten gegenstandslos waren. Die kleine Gruppe der Verbannten gewann allmählich die Zuneigung und den Respekt der Einwohner 'Akkás.

Zu denen, die Bahá'u'lláh und seinem Sohn 'Abdu'l-Bahá große Achtung zollten, gehörte auch der damalige Gouverneur 'Akkás (Ahmad Big Tawfíq). Er ließ die Schriften Bahá'u'lláhs für sich selbst abschreiben und wandte sich oft an 'Abdu'l-Bahá um Rat. Eines Tages, am Ende eines langen Gespräches, bat der Gouverneur eindringlich darum, Bahá'u'lláh einen persönlichen Dienst erweisen zu dürfen. Bahá'u'lláh lehnte ab, schlug jedoch vor, dass eine seit Jahrzehnten verfallende Wasserleitung (ein alter Aquädukt) instand gesetzt werde,

*„Bei Gott! Obgleich Müdigkeit Mich niederdrückt, Hunger Mich verzehrt, der nackte Fels Mein Bett ist und die Tiere des Feldes Meine Gefährten sind, will Ich nicht klagen, sondern geduldig ausharren ... Gott will ich Dank in allen Lebenslagen darbringen."*[74]

denn die Bevölkerung brauchte sauberes Wasser. Der Gouverneur beeilte sich, diesen Wunsch zu erfüllen, wodurch sich die hygienischen und klimatischen Verhältnisse in 'Akká deutlich besserten. Während Bahá'u'lláhs Zeit dort ereigneten sich viele ähnliche Begebenheiten, die dazu führten, dass die Zuneigung der Menschen zu ihm wuchs. Beamte, Adelige, Geistliche sowie die wachsende Schar seiner Anhänger suchten Bahá'u'lláhs Rat und Führung. Oft wurden ehemalige Feinde zu seinen engagiertesten Verteidigern.

1877 wurde die strenge Haft gelockert, so dass Bahá'u'lláh die Gefängnisstadt verlassen konnte. Nach einem zweijährigen Aufenthalt im nahe gelegenen Mazra'ih verbrachte er seine letzten Lebensjahre in einem Landhaus in Bahjí außerhalb von 'Akká. Dort verschied er 1892.

Ungeachtet der grausamen äußerlichen Bedingungen war diese Zeit eine Periode fruchtbaren Wirkens für Bahá'u'lláh. Er fuhr fort, Aufrufe an die Herrscher der Welt zu schicken. Er vertiefte und erweiterte seine Lehre in vielen Schriften. Außerdem entstand der ***„Kitáb-i-Aqdas"*** (arab.: Das Heiligste Buch). Dieses Buch enthält u. a. Gebote und Gesetze für den Einzelnen und die Gemeinschaft. Zudem skizziert Bahá'u'lláh darin Institutionen für das Gemeindeleben und trifft Vorkehrungen für seine Nachfolge[75] [➲ 'Abdu'l-Bahá, der Sohn Bahá'u'lláhs]. Wie andere Bahá'í-Schriften näher erläutern, legt dieses Werk die Grundlage für die Entwicklung einer Weltkultur.

Bahá'u'lláh hat eine umfassende Lehre und die Vision der Einheit dargelegt. Seine leidvolle Lebensgeschichte ist mit der früherer Gottesboten vergleichbar. Den Sinn dieses Leidens beschreibt Bahá'u'lláh so:

*„Das Ziel dieses Unterdrückten bei allen Leiden und Trübsalen, die Er ertragen, bei allen Versen, die Er offenbart, und bei den Beweisen, die Er dargebracht hat, war einzig und allein, die Flamme des Hasses und der Feindschaft zu löschen, damit der Horizont der Menschenherzen vom Lichte der Eintracht erleuchtet werde, dass er wahren Frieden und wirkliche Ruhe finde."*[76]

Die Ruhestätte Bahá'u'lláhs in Bahjí in der Nähe von 'Akká (Israel)

## Das Schrifttum Bahá'u'lláhs

Bahá'u'lláh verfasste zahlreiche Schriften in persischer und arabischer Sprache. Sie gelten als herausragend in Ausdruckskraft, Stil und Form. Er nimmt Stellung zu allen grundlegenden Lebensfragen, behandelt theologische, persönliche, soziale, wirtschaftliche, politische und andere Themen. Sein Schrifttum umfasst etwa 100 Bände, die weitgehend im Originaltext erhalten sind.

Verschiedene historische Dokumente schildern, wie die Offenbarung des Wortes Gottes durch Bahá'u'lláh vor sich ging. Siyyid Asadu'lláh, ein Zeitzeuge, beschrieb sie folgendermaßen: *„Die Geschwindigkeit, mit der er* [Mírzá Áqá Ján, Bahá'u'lláhs Schreibgehilfe] *das offenbarte Wort niederschrieb, war so groß, dass die Tinte des ersten Wortes kaum getrocknet war, wenn er die gesamte Seite schon fertiggestellt hatte. Das Blatt sah aus, als hätte man eine Haarlocke in die Tinte getaucht und sie ganz darüber gezogen. ... War die Offenbarung beendet, so schrieb Mírzá Áqá Ján die Tafel nach den Anweisungen Bahá'u'lláhs in bester Handschrift nieder und sandte sie an ihren Bestimmungsort ...“*[77] So hat Bahá'u'lláh beispielsweise eines seiner Hauptwerke, *„Das Buch der Gewissheit“*, das etwa 200 Seiten umfasst, innerhalb von zwei Tagen offenbart.

Bahá'u'lláh hat seine Schriften entweder selbst niedergeschrieben oder wie geschildert seinem Schreibgehilfen diktiert. Anschließend versah er sie mit einem Siegel und hat sie so selbst authentifiziert. Heute werden diese Originalschriften im Bahá'í-Weltzentrum (Haifa, Israel) verwahrt; sie wurden bisher auszugsweise in über 800 Sprachen übersetzt.

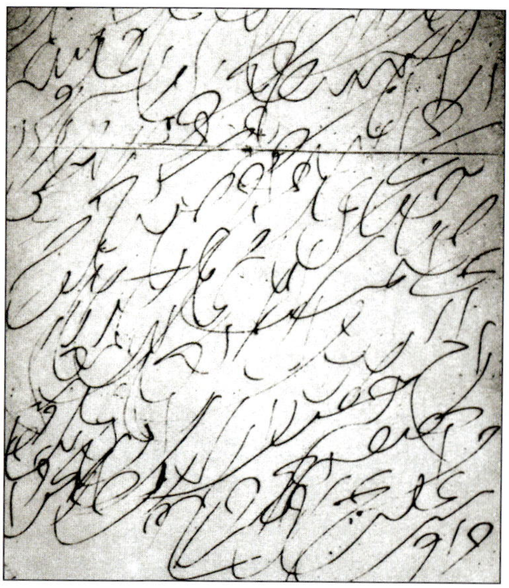

Beispielfotografie einer stenographischen Mitschrift offenbarter Worte Bahá'u'lláhs

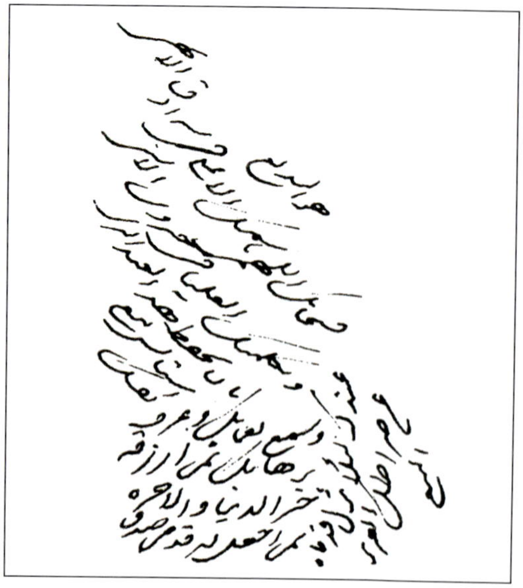

Beispielfotografie der Handschrift Bahá'u'lláhs

# 'Abdu'l-Bahá, der Sohn Bahá'u'lláhs

Bahá'u'lláh setzte seinen ältesten Sohn, 'Abdu'l-Bahá (arab.: Diener der Herrlichkeit, 1844-1921), testamentarisch als Gemeindeoberhaupt ein. Er verlieh ihm außerdem die Autorität, die Heiligen Schriften verbindlich auszulegen. Mit dieser eindeutigen, religionsgeschichtlich einzigartigen Maßnahme schützte Bahá'u'lláh den jungen Glauben von Anbeginn vor Spaltung und Sektenbildung.

'Abdu'l-Bahá in Dublin/ New Hampshire (USA), 1912

Als die Familie Bahá'u'lláh in die Verbannung folgte, war 'Abdu'l-Bahá erst acht Jahre alt. Er wuchs zu einer unersetzlichen Stütze seines Vaters heran. Zahllose Menschen suchten Rat bei Bahá'u'lláh – 'Abdu'l-Bahá lenkte den Besucherstrom, indem er alle liebevoll empfing und umsorgte. Nach zeitgenössischen Berichten beeindruckte seine Persönlichkeit jeden, der ihn traf. Die Einwohner 'Akkás staunten über seine tatkräftige Einsatzbereitschaft für Arme und Kranke und priesen seine außergewöhnliche Hilfsbereitschaft. Man nannte 'Abdu'l-Bahá den „Meister".

Als Bahá'u'lláh 1892 starb, war 'Abdu'l-Bahá immer noch ein Gefangener des osmanischen Reiches. Das hinderte ihn jedoch nicht daran, durch umfangreichen Briefwechsel die Geschicke der weltweit wachsenden Bahá'í-Gemeinde zu lenken und Gäste sowie Pilger aus Ost und West zu empfangen.

Im Zuge der jungtürkischen Revolution kam 'Abdu'l-Bahá 1908 durch eine Amnestie frei. So konnte er zwischen 1911 und 1913 zwei lange Reisen unternehmen: Er besuchte u. a. Großbritannien, Frankreich, die USA, Kanada, Deutschland, Ungarn und Österreich. 1921 verschied 'Abdu'l-Bahá im Alter von 77 Jahren.

'Abdu'l-Bahá ist den Bahá'í ein Vorbild, ein Beispiel für hingebungsvolle Nächstenliebe und unermüdlichen Dienst für die Gesellschaft. Sein Leben und Werk bilden eine Quelle der Inspiration für viele Menschen.

'Abdu'l-Bahá mit Kindern in Washington (USA), 1912

# Die weitere Nachfolge

## Das Hütertum und das Universale Haus der Gerechtigkeit

Von Bahá'u'lláh dazu autorisiert, hinterließ 'Abdu'l-Bahá in seinem Testament genaue Anweisungen für die weitere Entwicklung der Bahá'í-Gemeindeordnung. Er verwies auf das Hütertum sowie das Universale Haus der Gerechtigkeit als oberste Institutionen dieser Ordnung und erläuterte deren Funktionen.

'Abdu'l-Bahá bestimmte seinen ältesten Enkel, Shoghi Effendi, zu seinem Nachfolger als „Hüter der Sache Gottes", mit dem ausschließlichen Recht zur verbindlichen Schriftauslegung. Ferner legte er die Bedingungen fest, unter denen Shoghi Effendi dereinst seinen eigenen Nachfolger als Hüter ernennen sollte. Außerdem betonte 'Abdu'l-Bahá die Bedeutsamkeit der zukünftigen Wahl des „Universalen Hauses der Gerechtigkeit".

Shoghi Effendi bewirkte während seiner Amtszeit (1921 - 1957), dass die Bahá'í-Gemeindeordnung Gestalt annahm und der Glaube sich in aller Welt verbreitete. Neben seiner umfangreichen Korrespondenz mit Gemeinden und Gläubigen übersetzte er zahlreiche Schriften aus dem Persischen bzw. Arabischen ins Englische. Zudem legte er die Einzelheiten für die Vorbereitung der Wahl des Universalen Hauses der Gerechtigkeit fest. Im November 1957 hatte ihn seine Arbeit für den Glauben nach London geführt. Dort erkrankte er an der Grippe und verstarb. Da die Bedingungen, die 'Abdu'l-Bahá für die Hüternachfolge festgelegt hatte, nicht erfüllt werden konnten, hatte Shoghi Effendi keinen neuen Hüter bestimmt.

Shoghi Effendi, „Hüter des Bahá'í-Glaubens"

Nach seinem Tod führten die Bahá'í die Arbeit Shoghi Effendis entsprechend seinen genauen Anweisungen bis zur Wahl des Universalen Hauses der Gerechtigkeit im Jahr 1963 weiter. Das Universale Haus der Gerechtigkeit ist ein aus neun Mitgliedern bestehendes Gremium, das alle fünf Jahre von den Mitgliedern aller Nationaler Geistiger Räte gewählt wird. Als oberste Institution leitet es die Angelegenheiten der Bahá'í-Weltgemeinde, bringt die Bahá'í-Gesetze zur Anwendung und wirkt gesetzgebend für Angelegenheiten, die nicht ausdrücklich in den Heiligen Schriften behandelt werden. Außerdem ist es zuständig für die Regelung unklarer Angelegenheiten und für Konfliktlösung. Zur verbindlichen Auslegung der Bahá'í-Schriften ist es nicht autorisiert, da dies das ausschließliche Vorrecht des Hüters war [➔ Wie ist die Gemeinde organisiert?].

### Das Bahá'í-Schrifttum

Ausschließlich die Schriften der Folgenden bilden das verbindliche Bahá'í-Schrifttum:

- Der Báb
- Bahá'u'lláh
- 'Abdu'l-Bahá
- Shoghi Effendi
- Das Universale Haus der Gerechtigkeit

# Das Bahá'í-Weltzentrum im Heiligen Land

Bahá'u'lláh hatte schon zu seinen Lebzeiten auf die herausragende Bedeutung der benachbarten Orte Haifa und 'Akká ('Akko, Israel) für seinen Glauben hingewiesen: Sie bilden den administrativen und spirituellen Mittelpunkt der Bahá'í-Weltgemeinde. Die wichtigsten internationalen Bahá'í-Verwaltungsgebäude stehen am Berg Karmel in Haifa, eingebettet in ausgedehnte Gärten. Sie gruppieren sich um den Sitz des Universalen Hauses der Gerechtigkeit [➔ Die weitere Nachfolge; Wie ist die Gemeinde organisiert?]. Der Schrein des Báb, seine letzte Ruhestätte, steht innerhalb dieses Gartenkomplexes. Der Schrein Bahá'u'lláhs befindet sich in der Nähe 'Akkás. Außerdem liegen in dieser Region viele weitere Stätten, die mit der Bahá'í-Geschichte verbunden sind. All diese Orte sind den Bahá'í heilig und werden von einem ständigen Pilgerstrom besucht.

Sitz des Universalen Hauses der Gerechtigkeit und internationale Verwaltungsgebäude am Berg Karmel

Die Gärten um das Bahá'í-Weltzentrum gelten als einzigartig in Israel, ziehen viele Touristen an und gehören zu den Attraktionen Haifas.

Der Schrein Bahá'u'lláhs in der Nähe von 'Akká

19 Terrassen schmücken den Schrein des Báb am Berg Karmel in Haifa

# Gebet

Zu den Bahá'í-Schriften gehören viele Gebete von Bahá'u'lláh, dem Báb oder 'Abdu'l-Bahá. Sie beziehen sich auf unterschiedliche Lebensaspekte und Anlässe [➔ Gebete] und werden sowohl allein als auch in der Gemeinschaft gesprochen. Der Gläubige entscheidet selbst, wann, wo und wie er betet; eine Sonderstellung nimmt das „tägliche Gebet" ein, das bestimmten Ausführungshinweisen unterliegt [➔ Das tägliche Pflichtgebet].

Das Gebet ist eine bewusste Kommunikation mit Gott und stellt nach den Bahá'í-Lehren die stärkste Kraft zur Entwicklung der Seele dar. Durch das Gebet erkennt und pflegt der Mensch seine Liebe zu Gott. Wer einen anderen Menschen liebt, sehnt sich danach, ihm nahe zu sein und mit ihm zu sprechen. Die Bahá'í-Schriften erklären, dass derjenige, der Gott liebt, im Gebet seine Sehnsucht stillen kann. Im Gebetszustand besinnt sich der Mensch auf sein wahres Sein und bereichert seine Seele. Es kann sich tiefe innere Freude entwickeln. Dieser Zustand bietet eine Kraft- und Inspirationsquelle für jede Lebenslage.

Im Gebet kann der Mensch auch Hilfe für schwierige Angelegenheiten und Klarheit bezüglich des eigenen Weges finden. Gott kennt und versteht das Innerste eines jeden Menschen, liebt ihn und weiß besser als der Mensch selbst, was gut für ihn ist. Daher kann sich der Mensch im Gebet Gott zuwenden und ihn um Beistand für sein Handeln bitten. Bahá'u'lláh versichert, dass jede aufrichtige Bitte von Gott erhört wird, sofern sie mit seiner Weisheit in Einklang steht.

## Die innere Haltung

Den Bahá'í-Lehren zufolge bedeutet Beten mehr, als einfach nur Verse zu lesen oder Riten zu befolgen. Wichtig ist die innere Haltung des Betenden. 'Abdu'l-Bahá beschreibt sie folgendermaßen: *„Wir müssen danach streben, diesen Zustand [der Zwiesprache mit Gott] dadurch zu erlangen, dass wir uns von allen Dingen und von den Menschen frei machen und uns zu Gott wenden. Es wird von Seiten des Menschen etwas Anstrengung erfordern, diesen Zustand zu erlangen, denn er muss sich darum bemühen und danach streben."*[78]

*„O Herr! Zu Dir nehme ich Zuflucht und auf Deine Zeichen richte ich mein Herz. O Herr! Ob auf Reisen oder zu Hause, in meinem Beruf oder bei meiner Arbeit, setze ich all mein Vertrauen in Dich. So gewähre mir Deine allgenügende Hilfe und mache mich von allem unabhängig, o Du, der Du unübertroffen bist in Deinem Erbarmen. Lasse mir meinen Anteil zukommen, o Herr, wie es Dir gefällt, und mache mich zufrieden mit dem, was Du für mich verordnest. Dein ist die unumschränkte Befehlsgewalt."*[79]

# Meditation und Lesen der Heiigen Schriften

## Meditation

In der Bahá'í-Religion gibt es keine festgelegte Meditationsform. Zwar gehört regelmäßige Meditation zum Bahá'í-Glauben, die Art und Weise ist jedoch jedem freigestellt.

Meditation bedeutet tiefes Nachdenken, in einer inneren Haltung wie beim Gebet [➲ Gebet]. Beim Meditieren bemüht sich der Mensch um gedankliches und emotionales Freiwerden von der Welt und sich selbst. In Stille wendet er sich dem Spirituellen zu.

Während der Mensch beim Beten mit Gott spricht, tritt er in der Meditation mit der eigenen Seele in Verbindung. Meditation ist eine Fähigkeit des menschlichen Geistes. Der Mensch öffnet sich dabei der Erkenntnis und göttlicher Inspiration. Meditation kann in verschiedensten Zusammenhängen angewandt werden. Die Bahá'í-Lehren ermutigen besonders zur Meditation über die Heiligen Schriften, damit die Gläubigen sie besser verstehen und umsetzen können.

Als einen ***„einfachen Akt der andächtigen Meditation"***[80] sprechen Bahá'í täglich 95mal den „Größten Namen" (Alláh-u-Abhá, arab.: Gott ist der Allherrliche).

*„Der Menschengeist erhält Kenntnisse und neue Kraft durch die Meditation. Durch sie werden Dinge, von denen der Mensch nichts wusste, vor seinen Augen ausgebreitet. Durch sie empfängt er göttliche Eingebung, durch sie erhält er himmlische Nahrung. Meditation ist der Schlüssel zu den Toren der Geheimnisse. ... Die Fähigkeit des Meditierens befreit den Menschen von seiner tierischen Natur, lässt ihn die Wirklichkeit der Dinge deutlich sehen und bringt ihn in Verbindung mit Gott. Diese Fähigkeit bringt Künste und Wissenschaften aus dem Bereich des Unsichtbaren hervor. Erfindungen werden durch sie ermöglicht, gewaltige Unternehmungen durch sie ins Leben gerufen."*[81]

## Das tägliche Lesen der Heiligen Schriften

Bahá'u'lláh betont, dass außer der Meditation auch das tägliche Lesen der Heiligen Schriften wichtig ist. Wer sie jeden Morgen und Abend studiert, kann damit die Verbindung zur Kraft des göttlichen Wortes aufrecht erhalten. Selbst das Lesen eines einzigen Satzes kann diesen Zweck erfüllen. Entscheidend ist, dass aufmerksam und ehrerbietig[82] gelesen und über den Text nachgedacht wird [➲ Eine Zitateauswahl].

*„Versenkt euch in das Meer Meiner Worte, damit ihr seine Geheimnisse ergründen und alle Perlen der Weisheit entdecken möget, die in seinen Tiefen verborgen liegen."*[83]

# Charakterbildung

Die Religionsstifter haben immer schon ethische Richtlinien festgelegt, um den menschlichen Charakter zu bilden und zu veredeln. Die Grundwerte der verschiedenen Religionen sind einander sehr ähnlich, obwohl unterschiedliche Schwerpunkte gesetzt wurden.

Auch der Stifter der Bahá'í-Religion, Bahá'u'lláh, betont in seinen Schriften immer wieder die herausragende Bedeutung eines guten Charakters und erläutert, was einen solchen ausmacht.

## „Lasst jeden Morgen besser sein ..."

*„Lasst jeden Morgen besser sein als den Abend davor und jeden neuen Tag reicher werden als den gestrigen."*[84]

Charakterbildung ist ein nie endender Prozess. Dabei hilft, täglich das eigene Handeln zu überprüfen. Wer sich bemüht, schrittweise persönliche Stärken zu festigen und Schwächen zu überwinden, fördert die eigene Entwicklung – selbst, wenn er sich dessen zunächst nicht bewusst ist. Langfristig trägt jedes derartige Bemühen zu einer positiven Charakterbildung bei, ungeachtet gelegentlicher Rückschläge. Sich mit einer Tugend zu befassen, kann zur Entwicklung weiterer guter Eigenschaften beitragen. Wenn man z. B. Freundlichkeit anstrebt, können sich zugleich Hilfsbereitschaft und Mitgefühl einstellen. Zu den Herausforderungen dieses Prozesses gehört, ein Gleichgewicht zwischen den Tugenden herzustellen; eine Tugend, übermäßig ausgeübt, kann zum Laster werden, wenn sie nicht von anderen Tugenden ausbalanciert wird.

Es folgen einige der Charaktereigenschaften, die in den Bahá'í-Schriften als besonders wesentlich hervorgehoben werden.

## Wahrhaftigkeit und Vertrauenswürdigkeit

Wahrhaftigkeit und Vertrauenswürdigkeit bilden die Grundlage für alle anderen Tugenden, z. B. für aufrichtige Liebe oder Gerechtigkeit. Bahá'u'lláh ruft daher die Menschen auf, ihre *„Zunge mit Wahrhaftigkeit"* zu veredeln und ihr *„Haupt mit Vertrauenswürdigkeit"*[85] zu krönen.

Diese Werte beeinflussen auch entscheidend die Sicherheit und das Wohl der Gesellschaft. Man stelle sich allein die verblüffende Wende bei Wirtschaftsprozessen vor, wenn Vertrauenswürdigkeit und Wahrhaftigkeit auf allen Ebenen herrschen würden.

## Höflichkeit

*„Lasst Wahrhaftigkeit und Höflichkeit euer Schmuck sein.“*[86]

Bahá'u'lláh misst der Höflichkeit einen hohen Stellenwert bei. Er bezeichnet sie als die *„Fürstin der Tugenden“*[87]. Menschliche Entfremdung oder Abneigung verschwinden, wenn dem Gegenüber ehrliche Höflichkeit und Liebe entgegengebracht werden.[88] Höflichkeit muss von Wahrhaftigkeit begleitet sein und umgekehrt.

## Liebe zum Mitmenschen

*„Die Ursache der Erschaffung aller irdischen Wesen war Liebe ...“*[89], sagt Bahá'u'lláh. Ein Bahá'í bemüht sich um Liebe zu Gott. Diese Liebe spiegelt sich wider in der Liebe zum Mitmenschen. Dabei spielen Herkunft, Glaubensbekenntnis oder charakterliche Schwächen eines Menschen keine Rolle. 'Abdu'l-Bahá schreibt: *„Entzündet, wann immer ihr könnt, bei jeder Begegnung eine Kerze der Liebe, erfreut und ermutigt mitfühlend jedes Herz. Sorgt euch um den Fremden wie um einen der euren, zeigt Ausländern die gleiche Liebe und Güte wie euren treuen Freunden. Sollte jemand Streit mit euch suchen, trachtet danach, ihn zum Freunde zu gewinnen ...“*[90]

## Keine üble Nachrede

Üble Nachrede gehört heutzutage zu den gängigen Gesprächsinhalten. Unter übler Nachrede versteht man abfälliges Reden über eine abwesende Person. Zwar schafft das oft vermeintliche Nähe und scheinbare Verbundenheit, doch den wenigsten ist bewusst, wie schwerwiegend die Auswirkungen sind. Nicht selten wird jemand von anderen abgelehnt, obwohl keine persönliche Begegnung stattgefunden hat. Mobbing am Arbeitsplatz, Ausgrenzung im Freundeskreis oder auch Vorurteile entstehen häufig durch üble Nachrede.

*„Die Zunge ist dazu da, vom Guten zu sprechen; befleckt sie nicht mit übler Rede.“*[91]

Üble Nachrede wirkt sich jedoch nicht nur negativ auf denjenigen aus, über den geredet wird. Sie belastet auch den, der sich am Gerede beteiligt, selbst wenn er damit „nur“ ein Ventil für seine Verärgerung sucht. So schreibt Bahá'u'lláh, dass üble Nachrede das *„Licht des Herzens“*[92] verlöscht und warnt: *„O Sohn des Menschen! Sprich nicht über die Sünden anderer, solange du selbst ein Sünder bist. So du dieses Gebot übertrittst, bist du verworfen – dies bezeuge Ich dir.“*[93] Das bedeutet aber nicht, dass ein Problem verschwiegen oder jedes Fehlverhalten geduldet werden sollte. Es geht vielmehr darum, konstruktiv mit Schwierigkeiten umzugehen und Lösungswege zu suchen, ohne sich selbst für etwas Besseres zu halten oder schlecht über andere zu sprechen [➲ Bahá'í-Beratung].

## Das Gute sehen

*„Man darf in jedem menschlichen Wesen nur das sehen, was des Lobes würdig ist. Wenn man so handelt, kann man der ganzen Menschheit Freund sein. Betrachten wir die Menschen jedoch vom Standpunkt ihrer Fehler aus, dann ist es eine äußerst schwierige Aufgabe, mit ihnen Freundschaft zu pflegen.“*[94]

Zu den wichtigen Charaktereigenschaften gehört ferner die Fähigkeit, das Gute im anderen zu sehen. Da jeder Mensch selbst Schwächen hat, ist es vermessen, sich mit den Fehlern anderer zu befassen. Bahá'u'lláh lehrt, dass jeder Mensch göttliche Eigenschaften in sich trägt und zum Ausdruck bringen kann [➔ Die Natur des Menschen]. Die Liebe zum Mitmenschen fällt leichter, wenn man an dieses Potenzial denkt und aus Liebe zu Gott auf das Gute sieht.

Das lässt sich praktisch umsetzen, indem man möglichst die positiven Eigenschaften des anderen sucht und über seine Schwächen und Fehler hinweg sieht. Damit soll nicht etwa blinde Gutgläubigkeit, sondern ein harmonisches Zusammenleben gefördert werden.

## Freude

*„Geistige Glückseligkeit ist die wahre Grundlage des menschlichen Lebens, denn das Leben ist um des Glückes, nicht um der Sorge willen, zur Freude, nicht zum Leid erschaffen.“*[95]

Die Bahá'í-Schriften lehnen strikte Enthaltsamkeit, völlige Abgeschiedenheit, Selbstverachtung oder Selbsterniedrigung ab. Vielmehr ermutigen sie zu einer offenen und lebensbejahenden Haltung mit Freude, Humor und Fröhlichkeit.

'Abdu'l-Bahá betont in seinen Briefen und Ansprachen immer wieder die Notwendigkeit, glücklich zu sein. So sagt er: ***„Ich wünsche, dass ihr glücklich seid ..., dass ihr lacht, strahlt und euch freut, damit andere durch euch glücklich werden.“***[96]

## Demut

Demut ist aus Bahá'í-Sicht eine wesentliche Voraussetzung für die menschliche Entwicklung. Jeder Mensch hat seine Eigenschaften und Fähigkeiten von Gott erhalten und braucht seine Hilfe, um sie entfalten zu können. Daher lehren alle Religionen die Demut vor Gott. Stolz hindert den Menschen daran, die Absicht Gottes und die tiefere Bedeutung der Heiligen Schriften zu erkennen.

Demut bedeutet, dass man sich anderen Menschen nicht überlegen fühlt. Stattdessen sollte man im Umgang mit ihnen offen sein für neue Erfahrungen und Sichtweisen. Man kann von jedem etwas lernen und dadurch innerlich wachsen. Der Demütige kann leichter eigene Schwächen und Unzulänglichkeiten überwinden und aufhören, andere unwirsch zu kritisieren oder zu verurteilen. Mit Demut schützt sich der Mensch davor, sich selbst als Maßstab aller Dinge zu betrachten.

# Bahá'í-Beratung –
## Kommunikation und Entscheidungsfindung

*„Keine Wohlfahrt und kein Wohlergehen kann erreicht werden, es sei denn durch Beratung."*[97]

Mit „Bahá'í-Beratung" wird eine Form des Austausches bezeichnet, die auf ethischen Prinzipien beruht. Mit ihr können konstruktive Lösungen gefunden und tragfähige Entscheidungen getroffen werden.

Bahá'u'lláh schreibt: ***„Beratet miteinander in allen Angelegenheiten, denn Beratung ist die Lampe der Führung, welche den Weg weist und Einsicht schenkt."***[98]

Bahá'í-Beratung ist in allen Lebensbereichen anwendbar. Sie kann zur Klärung persönlicher Probleme, in der Familie [➲ Ehe und Familie] oder im Berufsleben eingesetzt werden und bildet die Grundlage für die Arbeit in den Bahá'í-Gemeinden [➲ Wie ist die Gemeinde organisiert?].

Beratung bei der Arbeit

Beratung im „Geistigen Rat"

## Das Ziel

Ziel der Beratung ist, alles über eine Situation zu erfahren und gemeinsam die beste Lösung zu finden. Der freie Gedankenaustausch der Beteiligten bildet die Grundlage. Dem Bahá'í-Verständnis entsprechend erscheint der ***„strahlende Funke der Wahrheit ... nur nach dem Zusammenprall verschiedener Meinungen."***[99]

Entscheidend ist dabei ein Fokuswechsel. Im Mittelpunkt steht nicht die Durchsetzung der eigenen Ansichten oder Interessen, sondern eine zum Beratungsgegenstand passende Lösung. Um sie zu finden, werden die vielfältigen Sichtweisen und Vorschläge aller Beteiligten genutzt. Voraussetzung ist eine vertrauensvolle, auf Einheit ausgerichtete Atmosphäre und das Einhalten bestimmter Beratungsprinzipien [➲ Textkasten Einige Aspekte der Bahá'í-Beratung].

## Ein Lernprozess

Die Bahá'í-Beratung erfordert eine neue Haltung und Denkweise. Weder Scheinfriede noch Kompromisse sind das Ziel, sondern Wahrheitsfindung. Der Prozess, der für eine Einigung auf dieser Basis notwendig ist, kann eine große Herausforderung für die Beratenden darstellen. Die Qualität der Ergebnisse ist davon abhängig, wie gut alle Beteiligten die Beratungsprinzipien verstehen, verinnerlichen und umsetzen.

Beratung in der Familie

### Einige Aspekte der Bahá'í-Beratung

- Einstimmung durch Gebet
- Freie und offene Meinungsäußerung
- Gemeinsames Suchen nach Wahrheit, ohne Bestehen auf der eigenen Meinung
- Trennung von Diskussionsgegenstand und Person (sich durch widersprechende Äußerungen nicht verletzt fühlen)
- Von Tugenden geprägtes Verhalten der Beteiligten: Bescheidenheit, Demut, Respekt vor den Beiträgen anderer, Geduld bei Schwierigkeiten etc.
- Angemessene Sprechweise, gekennzeichnet von ***„Ergebenheit, Höflichkeit, Würde, Sorgfalt und Mäßigung."***[100]
- Zustimmung aller Beteiligten zum übergeordneten Ziel: Bewahrung von Harmonie und Einheit als Grundlage für die weitere gemeinsame Arbeit

# Ehe und Familie

Die Familie ist die kleinste gesellschaftliche Einheit. In ihr können Verhaltensweisen für den Zusammenhalt erlernt und geübt werden. Die Ehe stellt nach den Bahá'í-Lehren die Basis der Familie dar. Bahá'u'lláh beschreibt sie als eine *„feste Burg der Wohlfahrt und des Heiles"*[101]. Sie bietet den Partnern ein vertrautes und sicheres Umfeld zur gemeinsamen Entwicklung und Familiengründung.

## Die Bahá'í-Ehe

*„Bahá'í-Ehe bedeutet die Bindung zweier Partner aneinander und ihre gegenseitige Zuneigung im Denken und Fühlen. Sie müssen sich jedoch voller Sorgfalt bemühen, mit der Wesensart des anderen gründlich vertraut zu werden, so dass der feste Bund zwischen ihnen eine ewige Verbindung werde. Ihr Bestreben muss sein, liebevolle Gefährten und für immer und ewig miteinander eins zu sein...*

*Die wahre Bahá'í-Ehe bedeutet, dass Mann und Frau körperlich und geistig eins sein sollen, dass sie einander ständig in ihrem geistigen Leben vervollkommnen und sich in allen Welten Gottes ewiger Einheit erfreuen. Dies ist die Bahá'í-Ehe."*[102]

Das Paar nähert sich diesem Einheitsideal durch stetiges Bemühen. Zu einer glücklichen Beziehung gehören u. a. völlige Treue beider, Zuwendung, Loyalität, Geduld, Opferbereitschaft und aufrichtige Liebe. Die Partner müssen sich außerdem gegenseitig so annehmen, wie sie sind, und in ihrer Entwicklung unterstützen. Liebe und Vertrautheit wachsen, wenn jeder die wertvollen Eigenschaften und Potenziale des anderen anerkennt. Dabei helfen gegenseitiger Respekt und die Konzentration auf die Stärken des Partners [> Charakterbildung, Das Gute sehen].

Die Ehe ist ein Übungsfeld für viele gesellschaftsrelevante Prinzipien, z. B. für Gleichberechtigung [> Die Gleichberechtigung von Frau und Mann]. Frau und Mann sollten wie zwei enge Freunde sein, *„die gegenseitig auf ihr Wohl bedacht"*[103] sind. Ein weiteres wichtiges Prinzip ist die tätige Liebe zu den Mitmenschen. Auf ein gemeinsames Ziel hin zu arbeiten, stärkt eine Ehe. Besonders wirkungsvoll ist dabei, zusammen anderen zu dienen.

Die Bedeutung der Sexualität, d. h. die Ausübung des Geschlechtstriebes, wird in den Bahá'í-Schriften ausdrücklich als ein *„natürliche[s] Recht jedes Menschen"*[104] anerkannt. Eine Unterdrückung der Sexualität wird abgelehnt; jeder Mensch, ob Mann oder Frau, sollte jedoch den eigenen Geschlechtstrieb kontrollieren. Sexuelle Enthaltsamkeit außerhalb der Ehe bildet laut den Bahá'í-Schriften einen wichtigen Grundstein zum Aufbau tragfähiger Beziehungen.

## Auszüge einer Ansprache 'Abdu'l-Bahás anlässlich einer Hochzeit:

*„Das Band, das die Herzen eint wie kein anderes, ist Treue. Sind wahrhaft Liebende verbunden, so müssen sie einander ganz die Treue halten. ...*

*Lasst keine Spur von Eifersucht zwischen euch kommen, denn wie Gift verdirbt Eifersucht die Liebe in ihrem Wesenskern. Lasst nicht die flüchtigen Ereignisse und Zufälle dieses wechselvollen Lebens zum Bruch zwischen euch führen. Ergeben sich Meinungsverschiedenheiten, so beratet allein miteinander, damit nicht andere ein Körnchen zum Berge machen. Bewahrt keinen Groll im Herzen, sondern erklärt einander den Grund eures Ärgers mit so verständnisvoller Offenheit, dass er verschwindet und keine Spur davon bleibt. Sucht Gemeinschaft und Freundschaft und kehrt euch ab von Eifersucht und Heuchelei.*

*Eure Gedanken müssen erhaben, eure Ideale leuchtend, eure Neigungen geistig sein ...*

*Sprecht miteinander von hohem Streben und himmlischen Dingen. Habt keine Geheimnisse voreinander. Macht euer Heim zum Hafen der Ruhe und des Friedens. Seid gastfreundlich und haltet die Tür eures Hauses offen für Freunde und Fremde. ...*

*Kein Sterblicher kann die Einheit und Eintracht erfassen, die Gott für Mann und Frau bestimmt hat. Nährt unablässig den Baum eurer Verbindung mit Liebe und Zuneigung, damit er zu allen Jahreszeiten sprosse und grüne und zum Heil der Völker süße Früchte trage.*

*Gründet eure Zuneigung in eurem geistigen Sein, in den Kern eures Bewusstseins, und lasst des Lebens Stürme sie nicht erschüttern."*[105]

Nach dem Bahá'í-Verständnis sollte die Partnerwahl einerseits von einem Gefühl inniger Liebe getragen werden und sich andererseits an geistigen Kriterien orientieren. Wo sowohl tiefe Liebe herrscht als auch die Charaktere zusammen passen [➲ Charakterbildung], kann sich eine starke Grundlage für glückliches Zusammenleben entwickeln. Hinzu kommt der bewusste Entschluss der Partner, diese Beziehung verbindlich einzugehen. Jede Partnerschaft durchlebt auch schwierige Phasen. Verbindlichkeit stellt einen starken Beziehungsschutz dar.

## Kommunikation innerhalb der Familie

Kommunikation spielt zwischen Ehepartnern eine ebenso große Rolle, wie zwischen Eltern und Kindern. Sie braucht Zeit, Raum und Übung. Richtige Beratung fördert Harmonie und gemeinsames Wachstum. Jedes Familienmitglied sollte völlig offen seine Gefühle, Sorgen, Freuden und Wünsche in einer liebevollen Atmosphäre äußern können. So können gemeinsame Ziele und Vorhaben erfolgreich verwirklicht werden. Da es auch der Konfliktvorbeugung und -lösung dient, ermutigen die Bahá'í-Schriften Familien dazu, regelmäßig miteinander zu beraten [➲ Bahá'í-Beratung].

*„Familienberatung mit offener, freier Aussprache, beseelt von der Einsicht, dass Mäßigung und Ausgewogenheit notwendig sind, kann das Allheilmittel für häusliche Konflikte sein."*[106]

## Bahá'í-Hochzeit

Die Bahá'í-Trauungszeremonie ist sehr schlicht. Vor zwei Zeugen, die vom Geistigen Rat dazu autorisiert werden [➲ Wie ist die Gemeinde organisiert?], sprechen die Verlobten nacheinander den Vers: ***„Wahrlich, wir wollen uns alle an Gottes Willen halten."***[107] Damit ist die Trauung vollzogen. Entsprechend den individuellen Wünschen des Brautpaares können als Rahmenprogramm Gebete und heilige Texte gelesen oder Musik gespielt werden. Gehört einer der beiden Verlobten einer anderen Glaubensgemeinschaft an und wünscht eine Trauung nach entsprechender Zeremonie, wird der gegenseitige Respekt vor den beiden Trauungen dadurch ausgedrückt, dass sie am selben Tag stattfinden. Die Eheschließung bedarf der Einwilligung aller lebenden Elternteile. Das soll u. a. die Einheit der Familien und ihre gegenseitige Bindung stärken.

## Scheidung

Scheidung ist in der Bahá'í-Religion erlaubt, aber sie wird betrachtet als

*„letzter Ausweg ..., der nach Möglichkeit um jeden Preis zu vermeiden"*[108] ist. Probleme gehören zu jeder Ehe, doch das Paar sollte sich um Lösungen bemühen, auch mit Hilfe der Familie, von Freunden und nicht zuletzt von professionellen Eheberatern. Wie bei allen Problemen können Bahá'í auch in einem solchen Fall die bereits erwähnten örtlichen Geistigen Räte um eine Beratung bitten. Hinweise aus den Bahá'í-Schriften, Beratung und Gebet [➲ Gebet] können neue Lösungsimpulse geben. Richtig angegangen, können selbst schwierige Krisen zu einer ungeahnten Steigerung der Beziehungsqualität führen.

Bleiben die Probleme trotzdem bestehen und einer oder beide Partner empfinden eine *„unüberwindliche Abneigung"*[109] gegenüber dem anderen, kann die Scheidung beim örtlichen Geistigen Rat beantragt werden.

## Familie und Kinder

Die Gründung einer Familie ist nach den Bahá'í-Lehren wichtig, aber nicht vorgeschrieben. Bahá'u'lláh sagt: *„Tretet in den Ehestand, auf dass sich nach euch ein anderer an eurer statt erhebe."*[110] Eltern haben dabei die Verpflichtung, ihre Kinder sorgfältig und weise zu erziehen [➲ Kindererziehung]. Die Kinder wiederum sollten ihre Eltern liebevoll respektieren, weil die Eltern ihnen *„das Leben geschenkt und ihre Seele auf die ewige Reise zu ihrem Schöpfer gesandt haben."*[111]

# Kindererziehung

*„Die Erziehung und Ausbildung der Kinder gehört zu den verdienstvollsten Taten der Menschheit.“*[112]

Jedes Kind ist einzigartig und besitzt wertvolle Eigenschaften. Bahá'u'lláh beschreibt den Menschen als ***„ein Bergwerk reich an Edelsteinen von unschätzbarem Wert. Nur die Erziehung kann bewirken, dass es seine Schätze enthüllt und die Menschheit daraus Nutzen zu ziehen vermag.“***[113] Ziel der Bahá'í-Kindererziehung ist, die Anlagen und Fähigkeiten des Kindes sowie seine geistige und ethische Entwicklung zu fördern.

Die Bahá'í-Lehren räumen Kindern eine wesentliche Stellung ein, wie auch viele Kindergebete zeigen [➲ Gebete]. Ihre Würde gleicht der der Erwachsenen. Eine von Liebe, Anerkennung, Achtung und Respekt geprägte innere Einstellung der Eltern bildet die Erziehungsgrundlage.

'Abdu'l-Bahá sagt: ***„Wie ist so manches Kind noch jung an Jahren und doch schon reif und sicher in seinem Urteil! Und wie ist so mancher betagte Mensch unwissend und verwirrt! Denn Wachstum und Entwicklung hängen von den Verstandeskräften und der Vernunft eines Menschen ab, nicht von seinem Alter oder der Dauer seiner Erdentage.“***[114]

## Die Verantwortung der Eltern

Die Bahá'í-Lehren vergleichen das Kind mit einer jungen Pflanze, die die Eltern hegen und pflegen. Wenn es dazu erzogen wird, ***„wahrhaftig, gütig und rechtschaffen zu sein, wird es aufrecht wachsen, frisch und zart sein und Blüten hervorbringen.“*** Ohne geeignete Erziehung ***„wird es schief und krumm wachsen.“***[115] Aus Bahá'í-Sicht können Eltern sich der Verantwortung für die Kindererziehung nicht entziehen; sie sollen sich mit Hingabe und ganzer Kraft um die Erfüllung dieser Pflicht bemühen. Mutter und Vater sind gleichermaßen für die Erziehung verantwortlich.

Dabei ist die Vorbildfunktion der Eltern wesentlich:

***„Unabhängig von ihrem eigenen Ausbildungsgrad fällt Eltern die entscheidende Rolle zu, die spirituelle Entwicklung ihrer Kinder zu formen. Sie sollten niemals ihre Fähigkeit unterschätzen, den moralischen Charakter ihrer Kinder zu bilden. Denn mit der häuslichen Umgebung, die sie bewusst gestalten, üben sie einen unersetzlichen Einfluss aus — durch ihre Liebe zu Gott, durch ihr Bemühen, Seine Gebote zu halten, durch den Geist des Dienens, mit dem sie sich Seiner Sache widmen und dadurch, dass sie von Fanatismus sowie den zersetzenden Auswirkungen übler Nachrede frei sind. Jeder Elternteil ... ist dafür verantwortlich, sich so zu verhalten, dass bei den Kindern spontan der Gehorsam gegenüber den Eltern hervorgerufen wird, auf den die Bahá'í-Lehren so großen Wert legen.“***[116]

An der Kindererziehung als Aufgabe können Eltern selbst wachsen und sich so weiterentwickeln. Eltern erziehen vor allem durch ihr eigenes Vorbild, dadurch, wie sie leben und mit den Kindern umgehen.

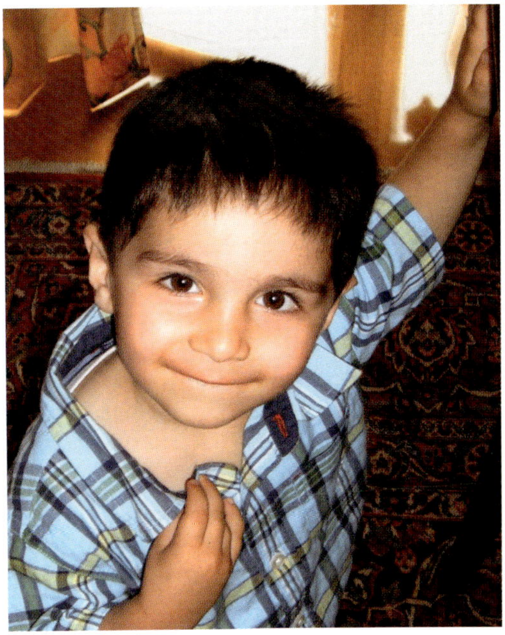

## Die Aufgabe der Gemeinschaft

Für die Erziehung der Kinder trägt auch die Gemeinschaft Verantwortung. Die Bahá'í-Gemeinden nehmen diese Herausforderung an, indem sie die geistige Erziehung der Kinder durch „Kinderklassen" [➲ Lokale Gemeindeaktivitäten] fördern und sich um eine Atmosphäre bemühen, in der die Kinder sich als wertvolle Mitglieder willkommen fühlen. Wichtig ist die ***„allumfassende Liebe für die Kinder, die Art, wie man sie behandelt, die Qualität der ihnen geschenkten Aufmerksamkeit, der Geist, mit dem sich Erwachsene ihnen gegenüber verhalten."***[117]

## Weitere Aspekte der Bahá'í-Kindererziehung

### Werte vermitteln

Intelligenzförderung und umfassende Wissensvermittlung sind nicht die einzigen Ziele der Kindererziehung. Diese Aspekte sind wichtig, aus Bahá'í-Sicht ist jedoch eine ethische Erziehung noch bedeutsamer. Kinder müssen in ihrer moralischen Entwicklung gefördert werden, damit sie ihre Fähigkeiten sinnvoll und zum Wohl anderer einsetzen können.

'Abdu'l-Bahá hebt hervor, dass moralische Erziehung und gutes Benehmen viel wichtiger sind als Bücherwissen. ***„Der Grund ist, dass das Kind, das sich gut benimmt, auch wenn es nicht viel weiß, für andere zum Gewinn wird"***[118], während ein Mensch ohne Moral, auch wenn er fachlich gut ausgebildet ist, anderen schaden wird. ***„Wenn jedoch das Kind so erzogen wird, dass es beides ist, gebildet und gut, so führt das zum strahlendsten Licht."***[119]

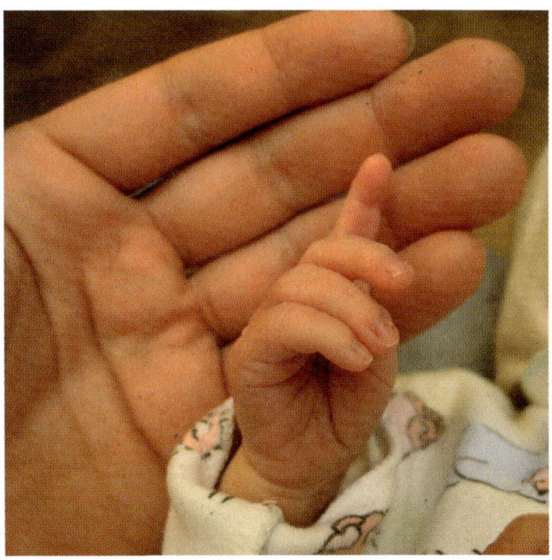

**Die Beziehung zu Gott**

Die Bahá'í-Schriften ermutigen Eltern dazu, Kindern von Gott und seinen Eigenschaften zu erzählen. Bereits früh können Kinder verstehen, dass Gott sie liebt und sie diese Liebe von ganzem Herzen erwidern können. Sie können dadurch Gottvertrauen entwickeln, ein tragfähiges Gefühl der Sicherheit und Geborgenheit; darauf können sie sich in jeder Lebenssituation stützen. Um dieses Gefühl zu pflegen und zu stärken, sollten Eltern mit ihren Kindern gemeinsam beten und Heilige Schriften lesen. Sie sollten den Kindern auch helfen, die Heiligen Schriften verstehen zu lernen. Dadurch befähigen sie die Kinder, ihre eigene Beziehung zum Göttlichen zu entwickeln und eigenständig nach der Wahrheit zu suchen.

Die spirituelle Erziehung schafft die Basis und versorgt das Kind mit den notwendigen Fähigkeiten, damit es als erwachsener Mensch seinen lebenslangen geistigen Entwicklungsprozess eigenverantwortlich angehen kann [> Der Weg ist das Ziel]. Ziel dieses Entwicklungsprozesses ist, dass der Mensch seine *„Edelsteine ans Licht bringt"*; er soll *„fortschreiten und sich entwickeln, bis er die Stufe erreicht, auf der er alle in ihm verborgenen Kräfte offenbaren kann, mit denen sein innerstes, wahres Selbst begabt worden ist"*[120]. Wenn der Mensch Gott erkennt als den, der ihn erschaffen hat und seinem Leben Sinn und Ziel gibt, wird er aus Liebe und Ehrfurcht vor Gott seine Gebote halten und den Menschen dienen.

**Liebe, Ermutigung und Förderung der Eigenverantwortung**

Der Grundton der Bahá'í-Erziehung ist Liebe. Jedes Kind braucht die bedingungslose Liebe seiner Eltern und eine vertrauensvolle Atmosphäre, um sich entfalten zu können.

'Abdu'l-Bahá betont die Bedeutung der Ermutigung, indem er schreibt, dass *„wann immer eine Mutter sieht, dass ihr Kind etwas gut gemacht hat, ... sie es loben, ihre Anerkennung äußern und sein Herz erfreuen"* soll. Weiter führt er aus: *„Und wenn sich der kleinste unerwünschte Zug zeigt, soll sie das Kind ermahnen, Mittel der Vernunft gebrauchen und erforderlichenfalls das Kind auch durch sanften mündlichen Tadel strafen. Es ist jedoch nicht erlaubt, ein Kind zu schlagen oder es verächtlich zu machen, denn der Charakter des Kindes wird durch Schläge oder Beschimpfung völlig verdorben."*[121]

Eltern müssen den Mut haben, auch manchmal „nein" zu sagen, den Launen der Kinder nicht nachzugeben, die Ordnung in der Familie zu wahren und die Rechte ihrer Mitglieder zu achten. Entscheidend ist auch, Kinder an Verhaltensweisen zu gewöhnen, die für ihre eigene Entwicklung wichtig sind. Solch gesunde Verhaltensweisen sind im Alltag äußerst hilfreich, besonders wenn sie schon in jungen Jahren zur Gewohnheit werden. Wenn richtiges Verhalten selbstverständlich ist, kostet das entsprechende Handeln keine unnötige Energie und Fehlverhalten wird eingedämmt.

Eltern sollten die Entwicklungsschritte ihrer Kinder aufmerksam begleiten und ihnen zutrauen, Schwierigkeiten auch selbst zu bewältigen. Ein Kind lernt viel aus den Folgen seines eigenen Handelns. Es kann zunehmend Eigenverantwortung übernehmen, wenn Eltern Vertrauen in seine Entwicklungsfähigkeit beweisen.

*„Von allen Künsten und Wissenschaften sollten die Kinder diejenigen erlernen, welche dem Menschen Vorteil bringen, seinen Fortschritt sichern und seinen Rang erhöhen."*[122]

### Talente entdecken und Ausbildung fördern

Die Bahá'í-Schriften legen großen Wert auf eine gute, fundierte Ausbildung. Kinder und Jugendliche sollten ermuntert werden, entsprechend ihren persönlichen Fähigkeiten, Neigungen und Interessen zu lernen und sich fortzubilden. Dabei sollten sie sich mit solchen Bereichen aus Kunst [▸ Die Künste], Handwerk, Gewerbe oder Wissenschaft befassen, die ihnen selbst und anderen nützen.

# Arbeit

Die Bahá'í-Religion lehrt, dass jeder Mensch, ob reich oder arm, einen Beruf erlernen und einer Arbeit nachgehen soll. Dabei kommt es nicht auf die Art der Arbeit an, sondern auf die innere Einstellung:

*„Ein Mensch, der etwas, sei es auch nur ein Stück Notizpapier, nach seinem besten Können herstellt und dabei bewusst alle seine Kräfte darauf richtet, es zu vervollkommnen, preist damit Gott. Kurz, alle Bemühungen und Anstrengungen, die ein Mensch macht, sofern sie von ganzem Herzen kommen und er von den höchsten Beweggründen und dem Willen dazu getrieben wird, der Menschheit zu dienen, sind Gottesdienst. Gott dienen heißt der Menschheit dienen und den Nöten der Menschen abhelfen. Dienst ist Gebet."*[123]

Laut Bahá'u'lláh bedeutet Arbeit für den Menschen weit mehr, als die Sicherung des Lebensunterhalts für sich und seine Familie, so wichtig dieser Zweck auch sei. Arbeit hat ihren eigenen Wert. Mit ihr kann man anderen dienen und sie fördert das persönliche geistige Wachstum. Daher sollte jeder Mensch einer Arbeit nachgehen, sei sie bezahlt oder nicht. So betrachtet können beispielsweise sowohl die Leitung eines Betriebes, als auch die familiäre Haushaltsführung von hohem Wert sein.

Jeder trägt eine besondere Verantwortung für Menschen in Not. Das Prinzip der Fürsorge, seit jeher in vielen Religionen verankert, verlangt von Einzelnen und der Gemeinschaft die aktive Unterstützung der Armen durch geeignete Mittel, ob materiell oder z. B. durch Ausbildungsmöglichkeiten. Bahá'u'lláh fordert die Schaffung von Strukturen und Institutionen, die die Ursachen von Ungerechtigkeit und Armut beseitigen.

Bahá'u'lláh schreibt, dass der Mensch Wohlstand braucht. Strikte Askese wird abgelehnt. Materieller Wohlstand ist jedoch vergänglich, daher soll man sein Herz nicht daran hängen. Niemals wird man in materiellen Dingen wahres und dauerhaftes Glück finden. Materielle Güter sind nützlich, solange der Mensch ***„nichts zwischen sich und Gott treten lässt"***[124].

# Fasten – Zeit der Besinnung

Einmal im Jahr fasten die Bahá'í, an 19 Tagen in der gemäßigten Jahreszeit [im letzten Bahá'í-Monat; vom 2. - 20. März ➲ Bahá'í-Kalender und Feiertage]. Den Abschluss der Fastenzeit bildet am 21. März das Neujahrsfest („Naw-Rúz-Fest"), mit dem zugleich das neue Jahr im Bahá'í-Kalender beginnt.

Die Bahá'í-Schriften betonen, dass körperliches Fasten ein Symbol ist und die Fastenzeit ***„im Wesentlichen eine Zeit der Meditation und des Gebetes, der geistigen Erneuerung ist, während der der Gläubige sich bemühen soll, sein inneres Leben wieder zu ordnen und die in seiner Seele ruhenden geistigen Kräfte zu erfrischen und zu stärken. Der Sinn und Zweck des Fastens ist geistiger Natur."***[125]

Diese Fastenzeit ist daher nicht mit körperlichem Heilfasten zu verwechseln, obwohl die Bahá'í-Schriften auch die gesundheitlichen Vorteile des Fastens anerkennen.

Beim Bahá'í-Fasten wird zwischen Sonnenauf- und -untergang weder gegessen noch getrunken. Während der Abend- und Morgenstunden sollte jedoch auf ausreichende und ausgewogene Ernährung geachtet werden.

Der Fastenmonat stellt für die Bahá'í eine besondere Zeit dar. Sie bietet z. B. Familien und Freunden die Gelegenheit zur gemeinsamen Andacht. Viele empfinden das Fasten als hilfreich, um schädliche Gewohnheiten abzulegen, wie das Rauchen oder einen ungesunden Ernährungsstil. Andere nutzen den besinnlichen Charakter dieser Zeit, um sich ganz bewusst persönlichen Herausforderungen zu widmen.

Nach den Bahá'í-Lehren dürfen durch Krankheit Geschwächte nicht fasten. Kinder und Jugendliche unter 15, Ältere über 70, Schwangere, stillende Mütter, Frauen während der Monatsregel, schwer körperlich arbeitende Menschen und diejenigen, die sich auf einer anstrengenden Reise befinden, sind vom Fasten befreit.

# Gesundheit

*„Bei Krankheit wendet euch an fähige Ärzte."*[126]

## Gesund leben

Die Bahá'í-Schriften betonen die Wichtigkeit einer guten körperlichen, psychischen und spirituellen Gesundheit, da sie dem Menschen dazu verhelfen kann, sich zu entwickeln und einen konstruktiven Beitrag zum Fortschritt der Gesellschaft zu leisten. Folglich finden sich in

den Bahá'í-Schriften viele Aussagen über gesunde Lebensführung, z. B. hinsichtlich ausgewogener Ernährung, Bewegung, Hygiene, Schlaf, Entspannung und einer positiven Lebenseinstellung. Zur Förderung der spirituellen Gesundheit werden u. a. die Bedeutsamkeit von Gebet, Meditation und Fasten beschrieben.

Zudem lehrt Bahá'u'lláh die Enthaltsamkeit von Alkohol und Drogen. Er schreibt: ***„Dem Menschen ist Verstand gegeben. Darum nehme er nichts zu sich, was ihn dessen beraubt."***[127] Damit sind nicht nur ausschweifender Alkohol- und Drogenkonsum mit ihren Folgen wie erhöhte Gewaltbereitschaft, Verkehrsunfälle oder Alkoholismus gemeint. Aus Bahá'í-Sicht kann nur völliger Verzicht auf Rauschmittel aller Art die Probleme verhindern, die sie verursachen. Ärztliche Verordnungen von Alkohol oder anderen Drogen sind von diesem Grundsatz ausgenommen.

## Heilung von Krankheiten

Schmerz, Leiden und Krankheit werden als unvermeidliche Begleiterscheinungen des menschlichen Daseins betrachtet. Im Krankheitsfall soll man fähige, gut ausgebildete Ärzte aufsuchen. Die Bahá'í-Schriften geben jedoch keine Empfehlung für eine bestimmte medizinische Richtung.

Da Krankheit sowohl körperliche als auch psychische oder spirituelle Ursachen haben kann, müssen auch unterschiedliche Heilungsansätze berücksichtigt werden. Medizinische Heilung sollte sich auf wissenschaftliche Erkenntnisse stützen. Gleichwohl sollte der Bahá'í-Arzt vor Behandlungsbeginn um göttlichen Beistand beten. Das Gebet steht nicht etwa im Gegensatz zu materiellen und wissenschaftlich orientierten Ansätzen, sondern ergänzt sie um ein notwendiges Element.

# Der Weg ist das Ziel

Kein Mensch kann vollkommen sein, aber in jedem steckt ein besonderes, individuelles Potenzial. Aus Bahá'í-Sicht kommt es nicht so sehr darauf an, an welcher Stelle ein Mensch gerade in seiner Entwicklung steht, sondern darauf, dass er sich ernsthaft um die eigene Entfaltung und Vervollkommnung bemüht.

## Bahá'í-Sein – ein Prozess inneren Wandels

Kein Bahá'í, egal ob neues oder langjähriges Gemeindemitglied, kann von sich behaupten, alle Bahá'í-Gebote und -Prinzipien zu verwirklichen [➲ Wie wird man Bahá'í?]. Bahá'í zu sein bedeutet, sich bewusst für einen Prozess inneren Wandels entschieden zu haben. Dieser Prozess kann zu wachsender Spiritualität führen, zu einer intensiveren Beziehung zu Gott und dazu, den Sinn des Lebens immer besser zu erfassen. Auf diesem Weg, so lehren die Bahá'í-Schriften, kann der Mensch tiefe Zufriedenheit und Freude finden.

## Förderung des inneren Wandels

Der innere Wandel wird nach den Bahá'í-Lehren durch zwei einander ergänzende Aspekte gefördert. Der erste ist ausreichende spirituelle „Nahrung". Genauso, wie der menschliche Körper täglich materielle Nahrung zum Überleben braucht, benötigt die menschliche Seele täglich spirituelle Nahrung zur Entfaltung. Regelmäßiges Beten, Meditieren und Lesen Heiliger Schriften stärkt die Seele und damit den Prozess inneren Wandels [➲ Gebet; Meditation und Lesen der Heiligen Schriften].

Der zweite notwendige Aspekt ist ausreichende Aktivität. Um im Beispiel zu bleiben: Der Mensch wird krank, wenn er ständig isst, ohne die gewonnene Energie durch Bewegung wieder zu verbrauchen. Gleicherweise muss die durch Gebet und Meditation gewonnene spirituelle Energie tatkräftig umgesetzt werden, um das Gleichgewicht zu wahren. Bahá'u'lláh schreibt: ***„Das Wesen des Glaubens ist, wenig Worte zu machen und eine Fülle von Taten aufzuweisen."***[128] Er fordert den Einzelnen auf, sich im Alltag vorbildlich zu verhalten, ob in der Familie, im Freundeskreis, bei der Arbeit oder in der Gesellschaft.

Wenn der spirituelle Weg mit praktischen Schritten gegangen wird, ergeben sich immer neue Gelegenheiten, den inneren Wandel zu fördern. Bei der Arbeit kann man z. B. Freundlichkeit oder Hilfsbereitschaft üben oder in der Ehe lernen, auf das Wohl des Partners bedacht zu sein und Selbstsucht zu überwinden.

## Wille und Entschlossenheit

*„Erfolg oder Fehlschlag, Gewinn oder Verlust müssen daher vom eigenen Bemühen des Menschen abhängen. Je mehr er strebt, desto größer wird sein Fortschritt sein."*[129]

Der innere Wandel hängt vom eigenen Willen und der Entschlossenheit ab. *„Alles, was ihr an Anlagen besitzt, kann jedoch nur als Ergebnis eueres eigenen Wollens offenbar werden"*[130], führt Bahá'u'lláh aus.

## Vertrauen auf Gottes Hilfe

Die nötige Energie für den eigenen Entwicklungsprozess kann man nach den Bahá'í-Lehren aus dem Glauben an Gottes Hilfe schöpfen. Wenn ein Mensch

sich auf die Kraft und den Beistand Gottes sowie die Schönheit der göttlichen Schöpfung konzentriert und darauf, dass er selbst ein Teil von ihr ist, fällt es ihm leichter, sich nicht von den eigenen Schwächen entmutigen zu lassen. Zugleich wächst die Motivation, Hindernisse und Schwierigkeiten zu überwinden, um so die eigenen Qualitäten immer weiter zu entfalten.

*„Verlasst euch nicht auf euere Macht, euere Heere und Schätze. Setzt euer ganzes Vertrauen, euere Zuversicht auf Gott, der euch erschaffen hat, und sucht Seinen Beistand in allen eueren Angelegenheiten."*[131]

## Schwierigkeiten und Wachstum

Laut Bahá'u'lláh erfüllen Probleme eine wichtige Funktion für die menschliche Entwicklung. Nach Lösungen suchen zu müssen hilft dem Menschen dabei, schlechte Gewohnheiten abzulegen, sich aus Abhängigkeiten zu lösen oder persönliche Schwächen zu korrigieren. Es fällt ihm leichter, den Lernprozess bewusst zu steuern und den Schmerz zu überwinden, wenn er erkennt, dass in jedem Leid eine Chance verborgen ist.

*„Wir müssen stets nach vorne schauen und versuchen, in der Zukunft zu erreichen, was wir in der Vergangenheit zu tun versäumt haben. Fehlschläge, Prüfungen und Heimsuchungen können – wenn wir sie richtig nutzen – zum Mittel werden, unseren Geist zu läutern und unseren Charakter zu stärken ..."*[132]

# Wie ist die Gemeinde organisiert?

Die Grundstruktur der Bahá'í-Gemeindeordnung wurde von Bahá'u'lláh selbst festgelegt. Sie ist ein völlig neues Gesellschaftsmodell, in dem Einzelne keinerlei Machtpositionen einnehmen. Die Gemeinschaft wird durch die Zusammenarbeit zweier „Arme" verwaltet: A) Demokratisch gewählte Gremien, sogenannte Geistige Räte, auf örtlicher und nationaler Ebene; B) besonders geeignete einzelne Gläubige, sogenannte Berater, auf kontinentaler und globaler Ebene. Als oberstes internationales Gremium führt das Universale Haus der Gerechtigkeit, mit Sitz in Haifa (Israel), die Bahá'í-Weltgemeinde [➔ Die Bahá'í].

## A Bahá'í-Gremien

In jeder Bahá'í-Gemeinde werden jährlich neun Personen demokratisch gewählt, die einen so genannten „Örtlichen Geistigen Rat" bilden. Dieser Rat ist für die Gemeindeangelegenheiten zuständig. Gleichermaßen wird in jedem Land der „Nationale Geistige Rat" gewählt, mit entsprechender nationaler Zuständigkeit. Die gewählten Ratsmitglieder haben keine individuelle Autorität gegenüber anderen Gemeindemitgliedern. Das „Universale Haus der Gerechtigkeit", die höchste Körperschaft der weltweiten Bahá'í-Gemeinde, wird alle fünf Jahre von den Mitgliedern der mehr als 180 Nationalen Geistigen Räte gewählt.

Bahá'í-Gremien treffen Entscheidungen nach gemeinsamer Beratung; eine einfache Mehrheit reicht zur Beschlussfassung, Einstimmigkeit wird jedoch bevorzugt [➔ Bahá'í-Beratung]. Regelmäßige Versammlungen [➔ Das 19-Tage-Fest] gewährleisten einen ständigen Austausch zwischen den Räten und den Gemeindemitgliedern.

## B Die Institution der Berater

Das System der gewählten und beschließenden Gremien wird durch eine Institution mit Beratungsfunktion ergänzt. Sie besteht aus besonders geeigneten Einzelpersonen, den sogenannten „Beratern", „Hilfsamtsmitgliedern" und „Assistenten". Das Universale Haus der Gerechtigkeit ernennt auf globaler und kontinentaler Ebene die Berater, die ihrerseits regional Hilfsamtsmitglieder berufen. Letztere ernennen gebietsweise Assistenten. Alle Ernennungen erfolgen auf Zeit. Die Berater sind gemeinsam mit den Geistigen Räten dafür verantwortlich, den Bahá'í-Glauben zu schützen und bekannt zu machen. Die enge Zusammenarbeit von Geistigen Räten mit der Institution der Berater ist sehr wichtig für das Gemeindeleben. Während das Universale Haus der Gerechtigkeit und die Geistigen Räte alle legislative und exekutive Autorität in der Gemeinde ausüben, stehen die Berater und ihre Hilfsamtsmitglieder den Geistigen Räten und einzelnen Gläubigen mit Wissen und Weisheit zur Seite. Berater und Hilfsamtsmitglieder sind nicht weisungsbefugt. Zu ihren Pflichten gehört, spirituelle, intellektuelle und soziale Aspekte des Bahá'í-Lebens zu unterstützen. Außerdem sollen sie die Gemeindemitglieder ***„ermutigen und ihre individuelle Initiative, Vielfalt und Handlungsfreiheit fördern"***.[133]

## Bahá'í-Wahlen

Bahá'í-Wahlen stehen in einem religiösen Licht. Jedes volljährige Gemeindemitglied kann wählen und gewählt werden. Es gibt weder Kandidatenaufstellung noch Wahlpropaganda. Bei der Mitgliedschaft in den gewählten Gremien geht es nicht um Machtpositionen sondern darum, demütig Gott und den Menschen zu dienen. Daher sollten Personen gewählt werden, die sich als vernünftig, fähig und erfahren erwiesen haben[134] und die selbstlos, gläubig und engagiert sind. Jedes Gemeindemitglied soll im Laufe des Jahres selbständig, ohne Beeinflussung durch andere herausfinden, wer diesen Kriterien entspricht, z. B. bei den erwähnten 19-Tage-Festen. Der Wahlvorgang wird durch Gebete eingeleitet; gewählt wird durch geheime Stimmabgabe. Um Wahlbeeinflussung zu verhindern, sollen nicht einmal die eigenen Familienmitglieder erfahren, wen man gewählt hat.

## Beratung in Bahá'í-Institutionen

Die zentrale Arbeitsmethode der Geistigen Räte und anderer Bahá'í-Institutionen ist die Bahá'í-Beratung, mit dem Ziel, die bestmögliche Lösung für offene Fragen zu finden.

Die Bahá'í-Beratung beginnt in der Regel mit einer kurzen Andacht, zur inneren Einstimmung und um göttliche Führung zu erbitten. Danach formuliert man gemeinsam die Fragestellung. Es folgt eine umfassende und offene Aussprache, unter Berücksichtigung aller wichtigen Fakten und Einbeziehung der Bahá'í-Schriften zum Thema. Dabei sollten die Beratenden ihre Meinung als einen Beitrag zur Wahrheitsfindung betrachten und nicht auf ihrer Ansicht beharren. Gleichzeitig müssen sie sich um Höflichkeit, Geduld und Mäßigung bemühen [➲ Bahá'í-Beratung]. Schließlich wird ein gemeinsamer Beschluss gefasst.

Die Mitglieder des Rates ***„müssen in solcher Weise beraten, dass sich kein Anlass für Unwillen oder Zwietracht ergibt. Dies ist erreichbar, wenn jedes Mitglied in vollkommener Freiheit seine eigene Meinung äußert und seine Beweisführung vorbringt. Er darf sich, sollte jemand widersprechen auf keinen Fall verletzt fühlen, denn erst wenn eine Angelegenheit vollständig erörtert ist, kann sich der richtige Weg zeigen."***[135]

Für seine effektive Umsetzung ist entscheidend, dass der Beschluss von allen als verbindlich akzeptiert und entsprechend durchgeführt wird. Dabei hilft, stetig auf die innere Einheit der Gruppe bedacht zu sein. Auch der Umgang mit eventuellen Fehlentscheidungen wird so erleichtert; sie können schneller erkannt und gemeinsam korrigiert werden.

Der Nationale Geistige Rat der Schweiz, 2003

## Besonderheiten der Bahá'í-Gemeindeordnung

- Die Gemeindeangelegenheiten werden nach eingehender Beratung von gewählten Räten, nicht von Einzelpersonen geregelt. Berater und ihre Hilfsamtsmitglieder stehen den Räten mit Wissen und Weisheit zur Seite und ermutigen sie.
- Kein Bahá'í darf die Worte Bahá'u'lláhs für andere verbindlich auslegen. Jeder soll die Bahá'í-Schriften selbst lesen und ein Verständnis für sie entwickeln. Gegenseitiger Austausch ist erwünscht, zur Förderung der individuellen, freien Meinungsbildung.
- Selbständige Initiativen, Gemeinschaftssinn sowie soziale, kulturelle, künstlerische und kreative Vielfalt gehören zu den Aspekten, die in einer Gemeinde gefördert und geschützt werden.
- Neben der Leitung und Verwaltung der Bahá'í-Weltgemeinde, gehört es zu den Aufgaben des Universalen Hauses der Gerechtigkeit, zu Fragen, für die die Bahá'í-Schriften keine konkreten Regelungen vorsehen, Gesetze zu erlassen. Bei Veränderung der Umstände kann es die von ihm erlassenen Gesetze auch wieder abändern oder aufheben. Diese Flexibilität ermöglicht ein geeintes Reagieren der Gemeinde auf Entwicklungen, die dem Wandel der Zeit unterliegen.
- Anders als in vorangegangenen Religionen wurden die Grundzüge der Bahá'í-Gemeindeordnung von ihrem Stifter selbst schriftlich festgelegt. Daher sehen die Bahá'í in ihr nicht nur ein wohldurchdachtes Verwaltungssystem, sondern eine Ordnung göttlichen Ursprungs für das Wohlergehen der Menschheit.

# Lokale Gemeindeaktivitäten

Bahá'í leben in über 190 Ländern der Welt und repräsentieren unzählige ethnische Gruppen und Kulturen. Dementsprechend sind die lokalen Gemeindeaktivitäten sehr vielfältig; das Gemeindeleben in einem malayischen Dorf gestaltet sich anders als das in Großstädten wie Chicago oder Berlin. Jede Gemeinde hat eigene Bedürfnisse und Herausforderungen und lernt, mit ihren eigenen Stärken und Schwächen umzugehen. Alle Gemeinden durchleben ihren individuellen Entwicklungsprozess. Gemeinsam ist ihnen das Bemühen, die Bahá'í-Prinzipien zu verwirklichen und bestimmte Kernaktivitäten auszuführen:

Regelmäßig stattfindende „19-Tage-Feste" bilden die Grundlage für alle Gemeindeaktivitäten [➔ Das 19-Tage-Fest].

## Offene Andachten

Viele Gemeinden veranstalten offene Andachten. Manchmal werden sie privat für die Familie, Freunde und Bekannte angeboten; andernorts werden öffentliche Räume genutzt, um mehr Menschen die Teilnahme zu ermöglichen. Mit diesen Andachten möchten die Bahá'í das spirituelle Wachstum des Einzelnen und der Gesellschaft fördern. Es werden heilige Texte und Gebete auch aus anderen Religionen gelesen, teilweise musikalisch umrahmt.

Offene Andacht

## Kinderklassen und Juniorjugendgruppen

Besondere Aufmerksamkeit der Gemeinden gilt den Kindern. Sogenannte „Kinderklassen" vermitteln ethische Werte und befassen sich mit Geschichte und Lehre der Bahá'í-Religion und anderer großer Religionen. Kinder und Betreuer erarbeiten den Stoff gemeinsam. Dabei achten die Betreuer vor allem darauf,

Offene Andacht

Kinderklasse

Juniorjugendgruppe

Studienkreis

dass die Kinder lernen, ihre eigene Meinung zu bilden und sich tugendhaft zu verhalten, z. B. ehrlich, freundlich, hilfsbereit oder gerecht. Außerdem erfahren die Kinder, wie wichtig das Gebet ist.

Jugendliche zwischen 12 und 15 Jahren haben besondere Bedürfnisse. In diesem sensiblen Alter ist es sehr wichtig, behutsam für die soziale, intellektuelle, geistige und moralische Entwicklung zu sorgen. Darauf geht die Gemeinde durch spezielle Angebote („Juniorjugendgruppen") für diese Altersgruppe ein. Die Kinderklassen und Juniorjugendgruppen stehen Kindern jeder Religion oder Weltanschauung offen.

## Studienkreise

Auch Bahá'í-Studienkreise richten ihr Angebot an alle Menschen. Diese Kreise sollen Entwicklungsimpulse geben und das tägliche Leben inspirieren. Sie bieten eine Gelegenheit, die eigenen Fähigkeiten zu erweitern. In der Gruppe werden auf Basis der Bahá'í-Schriften gemeinsam die unterschiedlichsten Themen erarbeitet, besprochen und durch künstlerische Elemente ergänzt.

## Soziale Projekte

Sobald eine Gemeinde über ausreichendes Potenzial verfügt, führt sie soziale Projekte wie karitative Dienste, Aktivitäten zur Völkerverständigung, Programme zur Gewalt- und Drogenprävention oder Kindergarten- und Schulprojekte durch [➲ Soziale und wirtschaftliche Entwicklung].

Studienkreis

# Das 19-Tage-Fest

Das „19-Tage-Fest" bildet den Mittelpunkt des Bahá'í-Gemeindelebens. Es wird in allen Gemeinden einmal monatlich (alle 19 Tage) gefeiert [➲ Baha'i-Kalender und Feiertage]. Das Fest besteht aus drei Teilen:

- Andacht – Gemeinsames Beten und Lesen Heiliger Schriften;
- Beratung – Gemeinsames Beraten aller Gemeindeangelegenheiten;
- Geselligkeit – Gemeinsames Essen, Trinken, Lachen, Feiern.

## Modell für das Gemeinschaftsleben

Die Bahá'í sehen im 19-Tage-Fest ein Modell für das Gemeinschaftsleben. Alle Aspekte menschlichen Seins werden berührt: Andacht, Beratung und Geselligkeit dienen gemeinsam dem Verstand, dem Herz und der Seele. Das 19-Tage-Fest bietet so regelmäßig die Gelegenheit, sich besser kennen zu lernen, Freundschaft zu pflegen und die Einheit der Gemeinde zu festigen.

Während der Beratung unterrichtet der Geistige Rat [➲ Wie ist die Gemeinde organisiert?] zunächst die Gemeinde über aktuelle Entwicklungen und Pläne, die dann, ebenso wie Themenvorschläge der übrigen Gemeindemitglieder, nach den Regeln der Bahá'í-Beratung [➲ Bahá'í-Beratung] besprochen werden. Alle (auch Kinder und Jugendliche) werden ermutigt, Ideen, Vorschläge oder konstruktive Kritik frei zu äußern. So können sich auf allen Ebenen lebendiger Fortschritt und Kreativität entwickeln: Anregungen Einzelner, die während des 19-Tage-Festes beraten werden, prägen das örtliche Gemeindeleben und gelangen häufig über den Geistigen Rat auf die nationale Ebene, u. U. auch auf die internationale und werden dort verwirklicht. Dadurch wird die Wechselwirkung zwischen Einzelbeitrag und Gemeinschaftsleistung nachvollziehbar und die Verbundenheit der Bahá'í gestärkt.

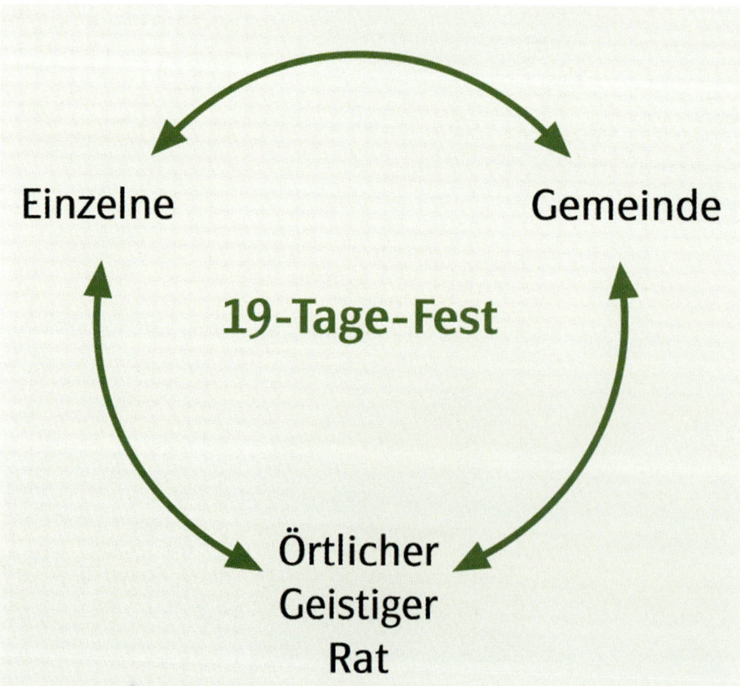

## Ein Fest der Freude

*„Dieses Fest ist ein Freudenspender. Es ist der Grundstein der Übereinstimmung und der Einheit. Es ist der Schlüssel zu Verbundenheit und Zuneigung. Es verbreitet die Einheit der Menschheit."*[136]

Die einzelnen Elemente des Festes werden von den Gemeinden individuell gestaltet und spiegeln ihre Vielfalt wider. Je nach kulturellem Hintergrund, Mentalität oder Temperament der Gemeindemitglieder wird im geselligen Teil gegessen, gesungen, etwas von Kindern aufgeführt oder einfach nur Tee getrunken und erzählt. Das Fest sollte von Gastfreundschaft, Liebe, Geselligkeit und Fröhlichkeit geprägt sein.

Drei Teile des 19-Tage-Fests:
Andacht, Beratung und Geselligkeit

# Die Künste

Als wichtige Ausdrucksform für den Einzelnen und die Gemeinschaft bilden die Künste einen wesentlichen Bestandteil des Gemeindelebens. Musik, Literatur sowie bildende, darstellende und angewandte Künste werden alle wertgeschätzt. Sie fördern Lebendigkeit, Einheit, Wärme und Freude.

*„Die Musik ist eine wichtige Kunst. Sie hat große Wirkung auf den menschlichen Geist."*[137]

Tanz und Theater

Bahá'u'lláh beschreibt z. B. die Musik als eine „Leiter"[138] für die Seele, mit deren Hilfe der Mensch seine Spiritualität fördern kann. Weiter heißt es in den Bahá'í-Schriften über die Musik:

*„Sie ist Nahrung für Seele und Geist. Die Kraft und Anmut der Musik erhebt den Geist des Menschen. Sie wirkt und hat in wundervoller Weise Einfluss auf die Herzen der Kinder, denn ihre Herzen sind rein und Melodien bewegen sie sehr. Die verborgenen Talente, die in den Herzen dieser Kinder schlummern, werden durch das Mittel der Musik Ausdruck finden."*[139]

Ein Bahá'í-Chor im Haus der Andacht

# Wie finanziert sich die Gemeinde?

Die Bahá'í-Gemeinde finanziert sich durch freiwillige Spenden ihrer Mitglieder. Jede *„Form von Zwang, sei er noch so leicht und indirekt"*[140] widerspricht dem Wesen des Spendens. Ob und wie viel jeder spendet, bleibt ihm selbst überlassen. Jede Spende ist willkommen, *„wie bescheiden auch immer* [der] *Beitrag"*[141]. Besonders wesentlich dabei ist die innere Haltung beim Geben, wie Hingabe, Großzügigkeit oder Opferbereitschaft. Die Gemeinde legt großen Wert auf finanzielle Unabhängigkeit. Spenden werden nur von Mitgliedern angenommen.

Der Schrein des Báb und die umliegenden Gärten; in gemeinsamer Anstrengung und mit finanziellen Mitteln von Bahá'í-Gemeinden aus aller Welt erbaut

Diese Spenden sind notwendig für die Aktivitäten der Bahá'í-Weltgemeinde. Die gewählten Institutionen [➔ Wie ist die Gemeinde organisiert?] verwalten die Finanzen und nutzen sie für Zwecke, wie soziale und wirtschaftliche Projekte [➔ Soziale und wirtschaftliche Entwicklung], Veranstaltungen, die Instandhaltung historischer Stätten oder die Gemeindeverwaltung.

Auf lokaler Ebene werden die Gemeindemitglieder regelmäßig beim 19-Tage-Fest über Einnahmen und Ausgaben informiert [➔ Das 19-Tage-Fest].

Neben dem Spendenwesen sieht Bahá'u'lláh eine Abgabe („Huqúqu'lláh", arab.: die Rechte Gottes) vor. Sie bildet einen Fonds, der sowohl für die Entwicklung der Bahá'í-Gemeinde als auch für die allgemeine Wohlfahrt der menschlichen Gesellschaft eingesetzt wird. Dazu soll jeder Bahá'í 19% seiner Ersparnisse (d. h. des Vermögenszuwachses nach Abzug sämtlicher notwendiger Lebenshaltungskosten) zur Verfügung stellen. Bahá'u'lláh betont, dass es keinesfalls gestattet ist, Huqúqu'lláh einzufordern. Der Einzelne ist selbst dafür verantwortlich und sollte nur im Geist der Freude geben. Aus Bahá'í-Sicht ist das Leisten der Huqúqu'lláh mit Segen verbunden. Es ist ein Weg, um eine geistige Haltung, wie Verantwortung, Initiative und Liebe zur Menschheit, mit materiellen Mitteln auszudrücken. Allgemein ermöglichen die Huqúqu'lláh eine gerechtere internationale Nutzung von Ressourcen durch Umverteilung von reichen in ärmere Länder.

# Bahá'í-Häuser der Andacht

Bahá'í-Häuser der Andacht sind Orte der Besinnung, des Gebets und der Meditation. Sie sind zum Lobpreis Gottes bestimmt und stehen allen Menschen offen, gleich welcher Religion oder Weltanschauung, Nation oder Herkunft.

Gegenwärtig steht mindestens ein Haus der Andacht auf jedem Kontinent. Jedes dieser Gebäude verfügt über neun Eingänge und eine Kuppel, symbolhaft für die Einheit aller Religionen und die Einheit der Menschheit. Es gibt keine Bilder und Skulpturen.[142]

In diesen Räumen werden Gebete und Texte aus den Heiligen Schriften aller Religionen gelesen oder gesungen. Schriftauslegung oder Predigten sind

Haus der Andacht, Wilmette/Chicago, USA

Haus der Andacht, Panama-Stadt, Panama

Haus der Andacht, Sydney, Australien

Haus der Andacht, Kampala, Uganda

Haus der Andacht, Apia, West-Samoa

ebenso ausgeschlossen wie liturgische Rituale.

Zukünftig sollen diese Andachtshäuser in aller Welt errichtet werden. Jedes Haus der Andacht bildet das Zentralgebäude eines „Mashriqu'l-Adhkárs" (arab.: Aufgangsort des Lobpreises Gottes), eines Gebäudekomplexes, der weitere Baulichkeiten ***„für soziale, humanitäre, erzieherische und wissenschaftliche Zwecke umfassen"***[143] soll. Die Bahá'í-Schriften sehen vor, dass dadurch ein räumlicher wie spiritueller Mittelpunkt einer Gemeinschaft, die aus Liebe zu Gott mitmenschlich handelt, geschaffen wird.

Haus der Andacht, Neu-Delhi, Indien

Haus der Andacht, Hofheim, Deutschland

# Bahá'í-Kalender und Feiertage

Die Geschichte zeigt, dass von jeder Weltreligion Impulse für strukturelle gesellschaftliche Veränderungen ausgingen. So wurzeln z. B. die meisten heute gebräuchlichen Kalendersysteme in religiösen Zusammenhängen. Im jüdischen Kalender bildet die biblische Schöpfungsgeschichte (3761 v. Chr.) den Anfang, im gregorianischen Kalender die Geburt Jesu oder im islamischen Kalender die Hedschra (Auswanderung Muhammads von Mekka nach Medina, 622 n. Chr.).

Auch die Bahá'í-Religion hat einen eigenen Kalender. Die Bahá'í-Zeitrechnung beginnt 1844, als der Báb, der Vorläufer Bahá'u'lláhs, erstmals seine Botschaft verkündete [➲ Der Báb – „Das Tor"]. Der Bahá'í-Kalender basiert auf dem Sonnenjahr mit 365 Tagen und ist in 19 Monate zu je 19 Tagen (= 361 Tage) aufgeteilt; alle Monate sind somit gleich lang. Um das Jahr auf 365 Tage zu vervollständigen, werden zwischen dem 18. und 19. Monat vier (im Schaltjahr fünf) Tage eingeschoben, „Ayyám-i-Há" genannt. Diese Zeit ist für *„Feste, Frohsinn und gute Werke"*[144] gedacht. Sie soll ein *„besonderer Anlass für Gastlichkeit, Geschenke und dergleichen"*[145] sein. Die Tag- und Nachtgleiche um den 21. März markiert den Jahresanfang und wird mit einem großen Neujahrsfest (Naw-Rúz) gefeiert. Die Woche besteht aus sieben Tagen. Ein Tag beginnt bei Sonnenuntergang und endet mit dem des folgenden Tages.

## Bahá'í-Feiertage

Im Bahá'í-Jahreslauf gibt es neun Heilige Tage. An diesen Tagen gilt allgemeine Arbeitsruhe. Alle sollen sich *„miteinander freuen, allgemeine Versammlungen abhalten, wie eine Gemeinde werden"*[146] und sich der Wohltätigkeit widmen.

### Bahá'í-Feiertage

(Daten entsprechend christlicher Zeitrechnung)

**Naw-Rúz** (Neujahr) 21. März
**Ridván-Fest** (Verkündigung Bahá'u'lláhs) 21., 29. April & 2. Mai (1863)
**Verkündigung des Báb** 23. Mai (1844)
**Hinscheiden Bahá'u'lláhs** 29. Mai (1892)
**Märtyrertod des Báb** 9. Juli (1850)
**Geburtstag des Báb** 20. Oktober (1819)
**Geburtstag Bahá'u'lláhs** 12. November (1817)

# Wie wird man Bahá'í?

Die Aufnahme in die Bahá'í-Gemeinde wird ohne Zeremonien oder Rituale vollzogen. Voraussetzung ist, dass ein Mensch an Bahá'u'lláh als den Gottesboten für die heutige Zeit glaubt. Ist dies der Fall, ist er bereits ein Bahá'í. Dabei ist es weder nötig noch möglich, dass er schon alle Bahá'í-Prinzipien in seinem täglichen Leben umsetzt [➔ Der Weg ist das Ziel]. Der Glaube an Bahá'u'lláh drückt sich in tatkräftigem Bemühen darum aus, sich entsprechend den Bahá'í-Prinzipien zu verhalten.

Die Registrierung als Gemeindemitglied kann von Land zu Land verschieden ablaufen. In vielen Ländern, so auch in Deutschland, wird man durch eine schriftliche Erklärung in die Bahá'í-Gemeinde aufgenommen. Danach kann der Gläubige aktiv an allen Bereichen des Gemeindelebens teilnehmen [➔ Das Leben in der Gemeinde].

# Die Internationale Bahá'í-Gemeinde und die UN

Die Bahá'í-Weltgemeinde ist seit 1948 als Nicht-Regierungsorganisation („Internationale Bahá'í-Gemeinde") bei den Vereinten Nationen akkreditiert. Die Internationale Bahá'í-Gemeinde hat beratenden Status beim Wirtschafts- und Sozialrat der UN (ECOSOC) und beim Weltkinderhilfswerk (UNICEF). Sie arbeitet eng mit der Weltgesundheitsorganisation (WHO), dem UN-Umweltprogramm (UNEP) und dem UN-Entwicklungsfonds für Frauen (UNIFEM) zusammen.

Zu ihren Aufgaben gehören die Unterstützung von UN-Programmen, die Beteiligung an bedeutenden internationalen Konferenzen und die Mitarbeit in ständigen Gremien, z. B. der Menschenrechtskommission.

Auf Grundlage der Bahá'í-Prinzipien formuliert die Internationale Bahá'í-Gemeinde in ihren Stellungnahmen konkrete Konzepte zu aktuellen Fragen, wie z. B. zu Menschenrechten, dem Status der Frauen, Rassismus, Armut, Korruption, Terrorismus, Umweltschutz oder Friedenssicherung.

Es ist schon heute erkennbar, dass der globale Wandel zu einer neuen Ordnung der Welt führt. Dementsprechend unterstützt die Internationale Bahá'í-Gemeinde die Entwicklung der UN mit praktisch durchführbaren Vorschlägen für ein starkes globales Regierungssystem, nachlesbar z. B. in: ***„Wendezeit für die Nationen"***[147], einer Erklärung der Internationalen Bahá'í-Gemeinde zum 50. Jahrestag der Vereinten Nationen.

## Einige Vorschläge der Internationalen Bahá'í-Gemeinde zur Neuorientierung der UN

(aus: *„Wendezeit für die Nationen"*, Oktober 1995)

**Neue Aufgaben für die UN – Vollversammlung**

- Langfristig müssen *„Legislative und Wahlsystem die Völker der Welt wie die Nationalstaaten besser repräsentieren."*
- Resolutionen der Vollversammlung müssen – *„in genau definierten Bereichen"* – allmählich für alle Staaten verbindlich werden.
- Sollten Staaten etablierte Menschenrechtsstandards verletzen, muss es hierfür Konsequenzen geben. Eine Neuaufnahme von Staaten in die UN sollte von der Einhaltung der Menschenrechte abhängig gemacht werden.
- Ungelöste Grenzstreitigkeiten müssen endgültig geregelt werden. Es sollte eine internationale Kommission ernannt werden, *„die alle offenen Grenzfragen behandelt"* und Empfehlungen vorlegt.
- Eine hochrangige Kommission sollte die Einführung einer Welthilfssprache und -schrift sowie einer gemeinsamen Währung prüfen, von denen die Weltgemeinschaft erheblich profitieren würde.

**Stärkung der Exekutive**

- Die Konzepte einer „ständigen Mitgliedschaft" und des „Vetorechts" sollten allmählich abgeschafft werden. Übergangsweise sollte das Vetorecht eingeschränkt werden.
- Unabhängig von nationalen Interessen sollte eine permanente internationale Militärstreitmacht eingerichtet werden, als ein Schritt zu weltweiter Abrüstung. Diese Streitmacht sollte auf einem System kollektiver Sicherheit basieren, das *„auf alle Formen der Bedrohung ausgeweitet werden"* könnte, z. B. auf *„den internationalen Drogenhandel, die Sicherstellung ausreichender Nahrung und das Auftreten neuer weltweiter Seuchen"*.

**Stärkung des Internationalen Gerichtshofes**

- Entscheidungen des Weltgerichtshofes sollten mit der Zeit in allen Staaten *„bindend und ... vollstreckbar werden"*.
- Es sollten spezielle Gerichte und Kammern für internationale Verstöße und Verbrechen geschaffen werden, z. B. für Umweltverschmutzung, Drogenhandel und Terrorismus.

# Die Haltung gegenüber Politik und Staat

Bahá'í betätigen sich nicht parteipolitisch. Die Bildung von Interessengruppen mit eigenen Zielen und Wünschen widerspricht der Absicht, Lösungen zum Wohle aller herbeizuführen. Außerdem führt eine Parteimitgliedschaft unweigerlich zu Zwängen und Abhängigkeiten. Das bedeutet jedoch nicht, dass sich die Bahá'í der gesellschaftlichen Verantwortung entziehen dürfen. Bahá'u'lláh fordert ausdrücklich von seinen Anhängern: ***„Befasst euch gründlich mit den Nöten der Zeit, in der ihr lebt, und legt den Schwerpunkt eurer Überlegungen auf ihre Bedürfnisse und Forderungen."***[148]

Dementsprechend bemühen sich die Bahá'í nicht nur um ihre individuelle, religiös orientierte Persönlichkeitsentwicklung. Sie arbeiten zugleich auch am Aufbau ihrer Gemeinde als Modell für eine zukünftige Gesellschaft und wirken durch zahlreiche soziale und wirtschaftliche Entwicklungsprojekte. Dabei stehen sie in ständigem Kontakt mit vielen Regierungen, Nicht-Regierungsorganisationen und Vereinigungen.

Grundsätzlich sollen Bahá'í die staatlichen Gesetze befolgen, es sei denn, eine Regierung verlangt von ihnen, ihren Glauben und die damit verbundenen religiösen Überzeugungen zu verleugnen oder gegen sie zu handeln.

### Die Verfolgung der Bahá'í im Iran

Die Bahá'í-Religion entstand im Iran. Seit Anbeginn sind dort ihre Anhänger immer wieder Verfolgungen ausgesetzt. Auch gegenwärtig (2007) müssen sie in vielen Lebensbereichen mit Verfolgung und Benachteiligung rechnen. Der Universitätsbesuch wird ihnen ebenso verwehrt wie viele berufliche Tätigkeiten. Öffentliche Treffen sind verboten und werden geahndet. Vielerorts werden Bahá'í inhaftiert und gefoltert, da sie aufgrund ihres Glaubens als „Ketzer" gelten. Wie schon oft zuvor, wurden auch in jüngster Vergangenheit noch Todesurteile gegen sie gefällt und vollzogen, allein auf Grund ihrer Religionszugehörigkeit. Die UN und viele Regierungen in aller Welt haben diese Praxis scharf verurteilt und dem Iran Sanktionen angedroht. Trotzdem ist die Menschenrechtslage dieser größten religiösen Minderheit im Iran nach wie vor kritisch.

# Soziale und wirtschaftliche Entwicklung

*„Ehre und Würde des Einzelnen liegen darin, dass er unter all den Menschen zu einer Quelle des gesellschaftlichen Wohles wird. ... Es gibt keine größere Freude, kein vollkommeneres Glück."*[149]

Viele Bahá'í-Aktivitäten dienen der sozialen und wirtschaftlichen Entwicklung. Der Impuls dazu geht von einer Vision für allgemeines Wohlergehen aus, die sowohl materielle Belange als auch die innere Zufriedenheit der Menschen umfasst.

Häufig zielt Entwicklungshilfe vor allem auf die materielle Versorgung der Bevölkerung. Aus Bahá'í-Sicht kann materieller Wohlstand allein jedoch weder Nachhaltigkeit noch wirkliches Glück sichern. Außerdem begünstigt eine einseitig materielle Entwicklungsplanung die künstliche Spaltung der Welt in „entwickelte" und „unterentwickelte" Länder. Die Bahá'í sehen die Lösung in einer ausgewogenen Befriedigung sowohl materieller als auch geistiger Bedürfnisse aller Menschen.

Demzufolge sollten möglichst viele Lebensbereiche gefördert und entwickelt werden, z. B. Bildung und Wissenschaft, Technologie, Kunst, Kultur, das Sozialwesen oder die Stärkung ethischer Werte und Normen. Jeder Einzelne trägt Verantwortung für die Entwicklung der Menschheit und sollte daher ebenso einbezogen werden, wie Wirtschafts- und Entwicklungsexperten.

Die Zahl der solchermaßen inspirierten Bahá'í-Projekte nimmt laufend zu (Statistik 2004: 2500 soziale Bahá'í-Projekte von begrenzter Dauer, ca. 500 nachhaltige Projekte sowie 45 Organisationen mit komplexen Aufgaben[150]).

Die Bemühungen um Bahá'í-Entwicklungszusammenarbeit befinden sich im Aufbau, in einem ständigen Lern- und Wachstumsprozess. Begonnen wurde u. a. mit Projekten zur Frauenförderung, zur Alphabetisierung und Bildung, zur ethischen Entwicklung, zum Schutz der Menschenrechte oder für den Umweltschutz. Solche Projekte gehen meist von kleinen Einzelinitiativen aus und wachsen allmählich zu größerer Komplexität heran.

Barli Development Institut (Indien)

## Projekt FUNDAEC in Kolumbien

In Zusammenarbeit mit der Landbevölkerung entwickelten Professoren und Studenten ein neues Schulsystem, das unmittelbar die Nöte und Bedürfnisse vor Ort anspricht. Dieses Projekt wurde von Prof. Ernst Ulrich von Weizsäcker als ***„das derzeit beste pädagogische Projekt in der Welt"***[151] bezeichnet. Es basiert auf einem positiven Menschenbild und ist getragen von der Überzeugung, dass die Landbevölkerung selbst den Schlüssel zur Lösung ihrer scheinbar ausweglosen Probleme in Händen hält.

Oben links: Agraranbau der Universität FUNDAEC (Kolumbien)
Oben rechts: Training für FUNDAEC-Tutoren; Unten: Universität FUNDAEC

## Frauenförderung an der Basis

In Indiens Madhya-Pradesh-Bezirk bietet das Barli Development Institut (gegründet 1983) für Frauen aus ländlichen Gebieten ein sechsmonatiges Unterrichtsprogramm an, Unterkunft inbegriffen. Praktische Fertigkeiten werden zusammen mit ethischen Werten vermittelt, zum Vorteil aller Familienangehörigen und der Dorfentwicklung. Zwischen 1983 und 2003 wurden bereits über 200 Dörfer in dieses Programm integriert.

Links: Frauen im Barli Development Institut (Indien)
Oben: Frauen auf dem Heimweg

## Bahá'í und Wirtschaft

Die Bahá'í-Schriften enthalten allgemeine Prinzipien, die die Grundlage einer gesunden Weltwirtschaft bilden können. Zu den Forderungen gehören:

- Anerkennung der Einheit aller Nationen
- Vertrauenswürdigkeit als wesentliche Voraussetzung für eine nachhaltige und gerechte Wirtschaft
- Fundierte Ausbildung für alle Menschen
- Gerechte Verteilung aller Bodenschätze
- Einführung einer Weltwährung
- Überwindung der Extreme von Armut und Reichtum
- Förderung privater wirtschaftlicher Initiativen
- Anerkennung der wechselseitigen Abhängigkeit von Arbeit und Kapital
- Prozentuale Beteiligung der Arbeitnehmer am Unternehmensgewinn, ergänzend zum Grundgehalt
- Stärkung der allgemeinen Arbeits- und Geschäftsethik

# Bewahrung der Umwelt

*„Wir können unser Herz nicht von unserer Umwelt trennen, die uns umgibt ... Der Mensch ist organisch mit der Welt verbunden. Sein inneres Leben gestaltet die Umwelt und wird zutiefst von ihr beeinflusst."*[152]

Die Bahá'í betrachten die Natur als Schöpfung Gottes. Der Mensch trägt besondere Verantwortung für sie. Er hat die Pflicht, ***„die materielle Welt zu schützen und das Erbe zukünftiger Generationen zu wahren"***[153]. Dazu zählt auch der achtsame Umgang mit Tieren.

Aus Bahá'í-Sicht gehört es zu den Aufgaben der Religionen, die notwendigen ethischen Grundlagen für eine gesunde Einstellung zur Umwelt zu vermitteln. Zum einen wird die Gesellschaft dadurch z. B. zur weltweit gerechten Verteilung der Ressourcen motiviert, zum anderen wird der Einzelne angehalten, sein Leben maßvoll, ausgewogen und rücksichtsvoll zu gestalten.

Umweltkatastrophen kennen keine Grenzen; durch sie wird die gegenseitige Abhängigkeit und Verbundenheit aller Staaten deutlich. Häufig können die Folgen solcher Katastrophen nur durch internationale Zusammenarbeit bewältigt werden, daher sind globale Lösungsansätze notwendig.

Die Bahá'í-Lehren sehen dazu vor, dass sich die Welt als internationale Staatengemeinschaft begreift, die sich u. a. mit Umweltfragen befasst und verbindliche Richtlinien für alle Völker festlegt. Diese Gemeinschaft sollte auch die Aufgabe des Schutzes, der Kontrolle und der gerechten Verteilung von Ressourcen übernehmen.

Praktische Schritte in diese Richtung unternehmen die Bahá'í, indem sie auf lokaler, nationaler und internationaler Ebene Umweltprojekte initiieren bzw. an solchen teilnehmen. Viele Gemeinden wirken beim Agenda-21-Prozess mit. Ergänzend zum Aufbau von Umweltschutz- und Erziehungsprojekten arbeitet die Internationale Bahá'í-Gemeinde in internationalen Gremien mit und bringt dabei ihre Werte ein. Seit 1989 gibt es ein eigens dafür zuständiges Bahá'í-Umweltbüro mit Sitz in New York.

# Die Bahá'í im interreligiösen Dialog

*„Unsere Hoffnung ist, dass sich die religiösen Führer der Welt und ihre Herrscher vereint für die Neugestaltung dieses Zeitalters und die Wiederherstellung seiner Wohlfahrt erheben werden. Lasst sie, nachdem sie über seine Nöte nachgedacht haben, zusammen beraten und nach sorgsamer, reiflicher Überlegung einer kranken, schwer leidenden Welt das Heilmittel darreichen, dessen sie bedarf."*[154]

Interreligiöser Dialog bedeutet mehr als nur Toleranz gegenüber anderen Religionsgemeinschaften. Wenn sich ein Verständnis für den gemeinsamen göttlichen Ursprung aller Religionen entwikkelt, kann es zu wirklichem Austausch kommen.

Das Universale Haus der Gerechtigkeit [➲ Wie ist die Gemeinde organisiert?] appellierte 2002 in einer Botschaft an alle religiösen Führer der Welt[155], den gemeinsamen Ursprung der Religionen zu akzeptieren, die Schädlichkeit von Ausschließlichkeitsansprüchen anzuerkennen und die Verantwortung für die Abschaffung religiöser Konflikte wahrzunehmen.

Aus Bahá'í-Sicht sollte interreligiöser Dialog darauf zielen, gemeinsam dem Hauptzweck der Religion zu dienen: *„... das Wohl des Menschengeschlechts zu sichern, seine Einheit zu fördern und den Geist der Liebe und Verbundenheit unter den Menschen zu pflegen."*[156]

Die Bahá'í beteiligen sich intensiv am interreligiösen Dialog. Sie gehören WCRP-Gruppen (Weltkonferenz der Religionen für den Frieden) an und gründen viele eigene Initiativen. Seit 1998 nehmen sie in Deutschland u. a. am „Runden Tisch der Religionen" teil. In den USA rief die Bahá'í-Gemeinde 1950 den Weltreligionstag ins Leben. Auch bei der UN-Konferenz „Millenium World Peace Summit 2000" (New York), dem bislang größten Gipfeltreffen religiöser und geistiger Führer für den Weltfrieden, waren die Bahá'í vertreten.

## Eine Zitatauswahl

*Eine freundliche Zunge ist ein Magnet für die Menschenherzen. Sie ist das Brot des Geistes, sie kleidet die Worte in Bedeutung, sie ist der Lichtquell der Weisheit und des Verstehens.*[157]

*Bahá'u'lláh*

*O Sohn des Seins!*
*Du bist Meine Lampe, und Mein Leuchten ist in dir. Entnimm daraus dein Licht und suche niemanden als Mich, denn Ich habe dich reich erschaffen und Meine Gunst über dich ergossen.*[158]

*Bahá'u'lláh*

*Mein Ziel ist kein anderes als die Besserung der Welt und die Ruhe ihrer Völker. Die Wohlfahrt der Menschheit, ihr Friede und ihre Sicherheit sind unerreichbar, wenn und ehe nicht ihre Einheit fest begründet ist. Diese Einheit kann so lange nicht erreicht werden, als die Ratschläge, die die Feder des Höchsten offenbart hat, unbeachtet übergangen werden.*[159]

*Bahá'u'lláh*

*Sei nicht Sklave, sondern Herr deiner Stimmungen. Bist du aber so verärgert, so gedrückt, so wund, dass dein Geist selbst im Gebet nicht Erlösung und Ruhe findet, so gehe eilends hin und bereite einem Geringen, einem Bekümmerten, einem schuldigen oder unschuldig Leidenden eine Freude! Opfere dich, deine Gabe, deine Zeit, deine Ruhe einem anderen, einem, dem mehr als dir auferlegt ist – und deine unglückliche Stimmung löst sich auf in gottselige, gottzufriedene Ergebung.*[160]

*'Abdu'l-Bahá*

*Du hast Mich nach dem Wesen der Seele gefragt. Wisse wahrlich, daß die Seele ein Zeichen Gottes ist, ein himmlischer Edelstein, dessen Wirklichkeit die gelehrtesten Menschen nicht zu begreifen vermögen, und dessen Geheimnis kein noch so scharfer Verstand je zu enträtseln hoffen kann. Sie ist von allen erschaffenen Dingen das erste, das die Vollkommenheit des Schöpfers verkündet, Seine Herrlichkeit anerkennt, sich an Seine Wahrheit hält und sich in Anbetung vor Ihm niederbeugt.*[161]

*Bahá'u'lláh*

*Freut euch nicht dessen, was ihr besitzt. Heute nacht ist es noch euer, morgen werden andere es besitzen. So warnt euch der Allwissende, der Allunterrichtete. Sprich: Könnt ihr behaupten, euer Besitz sei dauerhaft oder sicher? Nein, bei Mir, dem Allbarmherzigen, ihr könnt es nicht, so ihr zu denen gehört, die gerecht urteilen! Die Tage eures Lebens verfliegen wie ein Windhauch, und all eure Pracht und Herrlichkeit wird vergehen wie die Pracht und Herrlichkeit derer, die vor euch waren. Bedenket, o Menschen! Was ist aus euren vergangenen Tagen geworden, was aus euren verlorenen Jahrhunderten? Glücklich die Tage, die dem Gedenken Gottes gewidmet waren, und selig die Stunden, die in Seinem, des Allweisen, Lobpreis verbracht wurden. Bei Meinem Leben! Weder die Pracht der Mächtigen noch der Überfluss der Reichen oder gar die Vorherrschaft der Frevler werden von Dauer sein. Alles wird vergehen auf ein Wort von Ihm.*[162]

*Bahá'u'lláh*

*Die Wirkung der Taten ist wahrhaft mächtiger als die der Worte.*[163]

*Bahá'u'lláh*

*Die Freude verleiht uns Schwingen. In Zeiten der Freude ist unsere Kraft belebter, unser Intellekt geschärfter und unser Begriffsvermögen weniger umzogen. Es fällt uns offenbar leichter, uns mit der Welt zu messen und unser Eignungsgebiet herauszufinden.*[164]

*'Abdu'l-Bahá*

*Wahre Freiheit ist die Befreiung von der Bindung an das eigene Selbst; denn das Selbst ist das größte Gefängnis! Wenn man davon frei wird, kann man nie mehr gefangen gehalten werden. Doch diese Freiheit wird man nur erhalten, wenn man schlimme Schicksalsschläge nicht mit dumpfem Entsagen, sondern in strahlender Ergebenheit annimmt.*[165]

*'Abdu'l-Bahá*

*Man kann glücklich sein in den Verhältnissen des Wohllebens, der Behaglichkeit, des Erfolges, der Gesundheit, des Vergnügens und der Freude; wenn aber jemand glücklich und zufrieden sein kann in unruhigen und harten Zeiten und in Krankheitstagen, so ist dies der Beweis von Seelenadel.*[166]

*'Abdu'l-Bahá*

*O Menschenkinder!*
*Wisst ihr, warum Wir euch alle aus dem gleichen Staub erschufen? Damit sich keiner über den anderen erhebe. Bedenket allzeit in eurem Herzen, wie ihr erschaffen seid. Da Wir euch alle aus dem gleichen Stoff erschufen, ziemt es euch, wie eine Seele zu sein, auf selbem Fuße zu wandeln, in gleicher Weise zu essen und im selben Lande zu wohnen, auf dass aus eurem innersten Wesen durch eure Werke die Zeichen der Einheit und das Wesen der Loslösung offenbar werden. Solches rate Ich euch, o Scharen des Lichts. Achtet wohl auf diesen Rat, damit ihr die heiligen Früchte vom Baume wundersamer Herrlichkeit erlanget.*[167]

*Bahá'u'lláh*

*O Sohn des Geistes!*
*Reich erschuf Ich dich, warum machst du dich selbst arm? Edel erschuf Ich dich, warum erniedrigst du dich selbst? Aus dem Wesen des Wissens gab Ich dir Leben, warum suchst du Erleuchtung bei anderen als Mir? Aus dem Ton der Liebe formte Ich dich, warum befasst du dich mit anderem? Schaue in dich, dass du Mich in dir findest, mächtig, stark und selbstbestehend.*[168]

*Bahá'u'lláh*

*O Sohn des Geistes!*
*Wisse fürwahr: Wer die Menschen zur Gerechtigkeit ruft und selber frevelt, ist nicht von Mir, selbst wenn er Meinen Namen trüge.*[169]

*Bahá'u'lláh*

*Es genügt nicht, fleißig um Führung zu beten. Auf das Gebet muss vielmehr das Nachdenken über die beste Handlungsweise folgen und dann das Handeln selbst. Auch wenn die Tat nicht sofort Ergebnisse zeitigen oder vielleicht nicht ganz richtig sein sollte, macht das nicht viel aus, denn Gebete können nur durch Taten beantwortet werden, und wenn jemand falsch handelt, kann Gott sich dessen bedienen, um den richtigen Weg zu weisen.*[170]

*Shoghi Effendi*

*Die an der Macht sind, haben die Pflicht, Mäßigung in allen Dingen zu üben. Was die Grenzen der Mäßigung überschreitet, hört auf, wohltätigen Einfluss auszuüben.*[171]

*Bahá'u'lláh*

*Sei freigebig im Glück und dankbar im Unglück. Sei des Vertrauens deines Nächsten wert und schaue hellen und freundlichen Auges auf ihn. Sei ein Schatz dem Armen, ein Mahner dem Reichen, eine Antwort auf den Schrei des Bedürftigen, und halte dein Versprechen heilig. Sei gerecht in deinem Urteil und behutsam in deiner Rede. Sei zu keinem Menschen ungerecht und erweise allen Sanftmut. Sei wie eine Lampe für die, so im Dunkeln gehen, eine Freude den Betrübten, ein Meer für die Dürstenden, ein schützender Port für die Bedrängten, Stütze und Verteidiger für das Opfer der Unterdrückung. Lass Lauterkeit und Redlichkeit all dein Handeln auszeichnen.*
*Sei ein Heim dem Fremdling, ein Balsam dem Leidenden, dem Flüchtling ein starker Turm. Sei dem Blinden Auge und ein Licht der Führung für den Fuß des Irrenden.*
*Sei ein Schmuck für das Antlitz der Wahrheit, eine Krone für die Stirn der Treue, ein Pfeiler im Tempel der Rechtschaffenheit, Lebenshauch dem Körper der Menschheit, ein Banner für die Heerscharen der Gerechtigkeit, ein Himmelslicht am Horizont der Tugend, Tau für den Urgrund des Menschenherzens, eine Arche auf dem Meer der Erkenntnis, eine Sonne am Himmel der Großmut, ein Stein im Diadem der Weisheit, ein strahlendes Licht am Firmament deiner Zeitgenossen, eine Frucht am Baume der Demut.*[172]

*Bahá'u'lláh*

*Ihr müsst der gesamten Menschheit vollkommene Liebe und Zuneigung entgegenbringen. Erhebt euch nicht über andere, sondern betrachtet alle als Ebenbürtige, seht in ihnen Diener des einen Gottes. Wisset, dass Gott zu allen barmherzig ist. Daher liebt alle von ganzem Herzen, zieht alle Gläubigen euch selbst vor, seid von Liebe erfüllt zu allen Rassen und seid freundlich zu den Menschen aller Nationen.*

*Sprecht niemals geringschätzig über andere, sondern lobt sie ohne Unterschied. Beschmutzt eure Zunge nicht, indem ihr schlecht über andere redet. Erkennt eure Feinde als Freunde an, und betrachtet diejenigen, die euch Übel wollen, als Boten des Guten. Ihr dürft nicht Böses als böse betrachten, und euch dann mit eurer Meinung zufrieden geben, denn jemanden, den ihr als böse oder als Feind betrachtet, sanft und freundlich zu behandeln, ist Heuchelei und das ist nicht würdig oder erlaubt. Ihr müsst eure Feinde als eure Freunde ansehen. Wer euch Böses wünscht, betrachtet als einen, der euch wohl will, und behandelt ihn dementsprechend. Handelt auf solche Weise, dass euer Herz von Hass frei sei. Lasst euer Herz von niemandem verletzen.*

*Wenn jemand einen Fehler begeht und euch Unrecht tut, so müsst ihr ihm augenblicklich vergeben. Beklagt euch nicht über andere. Weist sie nicht zurecht, und wenn ihr sie ermahnen oder ihnen raten wollt, dann vermittelt dies auf solche Weise, dass es die Angesprochenen nicht kränkt.*

*Richtet all eure Gedanken darauf, Herzen mit Freude zu erfüllen. Hütet euch! Hütet euch davor, ein Herz zu verletzen. Dient der Menschenwelt so viel wie möglich. Seid die Quelle des Trostes für jeden Traurigen, helft jedem Schwachen, unterstützt jeden Bedürftigen, sorgt für jeden Kranken, seid die Ursache dafür, dass jeder Erniedrigte erhöht werde, und gewährt jenen Zuflucht, die von Furcht erfüllt sind.*

*Kurz: Jeder von euch sei wie eine Lampe, die der Menschenwelt mit dem Licht der Tugenden leuchtet. Seid vertrauenswürdig, aufrichtig, liebevoll und vollkommen rein.*

*Seid strahlend, seid geistig, seid gläubig, seid beispielhaft, seid lebendig in Gott, seid wahre Bahá'í.*[173]

*'Abdu'l-Bahá*

## Gebete

Der Báb, Bahá'u'lláh und 'Abdu'l-Bahá haben Gebete zu verschiedenen Themen und Anlässen offenbart. Diese Gebete werden als eine reine Form der Zwiesprache mit Gott betrachtet. Sie sind häufig in einer sehr bildhaften Sprache verfasst. Es wird ihnen eine besondere Kraft und Wirkung zugeschrieben [➲ Gebet]. Einige Beispiele:

### Führung und Beistand

*O Herr! Zu Dir nehme ich Zuflucht und auf Deine Zeichen richte ich mein Herz. O Herr! Ob auf Reisen oder zu Hause, in meinem Beruf oder bei meiner Arbeit, setze ich all mein Vertrauen in Dich. So gewähre mir Deine allgenügende Hilfe und mache mich von allem unabhängig, o Du, der Du unübertroffen bist in Deinem Erbarmen. Lasse mir meinen Anteil zukommen, o Herr, wie es Dir gefällt, und mache mich zufrieden mit dem, was Du für mich verordnest. Dein ist die unumschränkte Befehlsgewalt.*[174]

*Der Báb*

*O Gott! Führe mich, beschütze mich, erleuchte die Lampe meines Herzens und mache mich zu einem strahlenden Stern. Du bist mächtig und stark.*[175]

*'Abdu'l-Bahá*

*O Herr! Wir sind schwach; gib uns Kraft. O Gott! Wir sind unwissend, verleihe uns Wissen. O Herr! Wir sind arm; mache uns reich. O Gott! Wir sind tot, schenke uns Leben. O Herr! Zutiefst sind wir erniedrigt, verherrliche uns in Deinem Königreich. So Du uns beistehst, o Herr, werden wir funkelnden Sternen gleich; so Du uns nicht hilfst, werden wir geringer denn Staub. O Herr! Stärke uns. O Gott! Mache uns siegreich. O Gott! Hilf uns, das Selbst zu besiegen und die Gier zu überwinden. O Herr! Befreie uns aus der Knechtschaft der stofflichen Welt. O Herr! Belebe uns durch den Odem des Heiligen Geistes, damit wir uns erheben, Dir zu dienen und Dich anzubeten, und dass wir uns von ganzem Herzen in Deinem Königreich bemühen. O Herr! Du bist der Machtvolle! O Gott, Du bist der Vergebende! O Herr, Du bist der Mitleidvolle.*[176]

*'Abdu'l-Bahá*

## Entwicklung von Tugenden

*Erschaffe in mir ein reines Herz, o mein Gott, und schenke mir wieder ein ruhiges Gewissen, o meine Hoffnung! Bestätige mich durch den Geist der Macht in Deiner Sache, o mein Vielgeliebter, und offenbare mir Deinen Pfad durch das Licht Deiner Herrlichkeit, o Du Ziel meiner Sehnsucht! Erhebe mich durch die Kraft Deiner höchsten Macht in den Himmel Deiner Heiligkeit, o Quell meines Seins, und erfreue mich mit den sanften Winden Deiner Ewigkeit, o Du, der Du mein Gott bist! Lass Deine ewigen Weisen Ruhe über mich strömen, o mein Gefährte, lass den Reichtum Deines urewigen Angesichts mich von allem außer Dir befreien, o mein Meister, und lass die Botschaft der Offenbarung Deines unzerstörbaren Wesens mir Freude bringen, o Du, der Du der Offenbarste des Offenbaren und der Verborgenste des Verborgenen bist!*[177]

*Bahá'u'lláh*

*O Gott! Erquicke und erfreue meinen Geist. Läutere mein Herz. Entflamme meine Kraft. Alles lege ich in Deine Hand. Du bist mein Geleit und meine Zuflucht. Ich will nicht mehr traurig und bekümmert, sondern glücklich und fröhlich sein. O Gott, Angst soll mich nicht länger plagen und Sorge mich nicht quälen. Ich will nicht bei den Widrigkeiten dieses Lebens verharren. O Gott! Du meinst es besser mit mir als ich selbst. Ich weihe mich Dir, o Herr.*[178]

*'Abdu'l-Bahá*

*O mein erhabener Herr! Hilf mir, dass ich mich jeder unsittlichen Neigung enthalte, jede widerspenstige Leidenschaft bezähme, die Beweggründe meines Verhaltens läutere und mich in eine Demut füge, die keine Herausforderung beeinträchtigen kann, in eine Geduld, die kein Leid übermannt, und in eine Rechtschaffenheit, die kein Eigennutz erschüttert, so dass ich tauglich werde, Dir zu dienen und Dein Wort zu lehren.*[179]

*'Abdu'l-Bahá*

## Prüfungen und Schwierigkeiten

*Gibt es einen Befreier von Schwierigkeiten außer Gott? Sprich: Gelobt sei Gott! Er ist Gott! Alle sind Seine Diener und alle stehen unter Seinem Befehl.*[180]

*Der Báb*

*Er ist der Barmherzige, der Allgütige!*
*O Gott, mein Gott! Du siehst mich, Du kennst mich. Du bist mein Hafen und meine Zuflucht. Ich habe keinen gesucht und will keinen suchen denn Dich. Keinen Pfad habe ich betreten und will keinen betreten als den Pfad Deiner Liebe. In der Verzweiflung dunkler Nacht wendet sich mein Herz voll Hoffnung dem Morgen Deiner grenzenlosen Gunst zu, und zur Stunde der Morgendämmerung wird meine matte Seele erfrischt und gestärkt im Gedenken an Deine Schönheit und Vollkommenheit. Wem die Gnade Deines Erbarmens hilft, der wird, und wäre er nur ein Tropfen, zu einem endlosen Meer, und das kleinste Atom leuchtet dank der Ausgießung Deiner Güte gleich einem strahlenden Stern.*
*Birg unter Deinem Schutz, Du Geist der Reinheit, Du allgütiger Versorger, Deinen entzückten, entflammten Diener. Hilf ihm, in der Welt des Seins standhaft und fest an Deiner Liebe zu hangen, und lass diesen Vogel mit gebrochenem Flügel in Deinem göttlichen Nest auf dem himmlischen Baume Schutz und Zuflucht finden.*[181]

*Bahá'u'lláh*

*Ich beschwöre Dich bei Deiner Macht, o mein Gott! Lass kein Leid mich bedrängen in Zeiten der Prüfung und lenke, wenn ich achtlos bin, meine Schritte recht durch Deine Eingebung. Du bist Gott. Mächtig bist Du zu tun, was Du willst. Niemand kann Deinem Willen widerstehen oder Deine Absicht vereiteln.*[182]

*Der Báb*

## Heilung

*Dein Name ist meine Heilung, o mein Gott, Dein Gedenken meine Arznei, Deine Nähe meine Hoffnung und die Liebe zu Dir mein Gefährte. Dein Erbarmen ist meine Heilung und Hilfe in beiden Welten, in dieser und der künftigen. Du bist wahrlich der Allgütige, der Allwissende, der Allweise.*[183]

*Bahá'u'lláh*

*Im Namen Gottes, des Heilers, des Genügenden, des Helfers! Preis sei Dir, o Gott! O mein Gott, mein Geliebter! Bei Deinem Namen, durch den Dein Erbarmen allem Erschaffenen voranging, und bei der sonnengleichen Schönheit Deines Verborgenen Namens, die vom Horizont Deines Erscheinens herniederstrahlt, Deine Gnade für alle auf Erden und im Himmel zu vollenden, gieße über diesen Kranken aus den Wolken Deiner Barmherzigkeit, was ihn von jeglicher Krankheit, Schwäche und Trübsal läutert, und tauche ihn ein in Deiner Heilung Meer – o Du, in Dessen Griff das Reich des Schicksals und die Macht zum Vollzug liegt.*
*Wahrlich, Du tust, was Du willst, und wahrlich, Du bist der Vergebende, der Mitleidvolle.*[184]

*Bahá'u'lláh*

## Kinder

*O Gott! Erziehe diese Kinder. Sie sind die Pflanzen Deines Haines, die Blumen Deiner Aue, die Rosen Deines Gartens. Lass Deinen Regen auf sie niedergehen; lass die Sonne der Wirklichkeit Deine Liebe auf sie scheinen. Lass Deinen Windhauch sie erfrischen, damit sie erzogen werden, wachsen, gedeihen und sich in strahlender Schönheit entfalten. Du bist der Schenkende. Du bist der Mitleidvolle.*[185]

*'Abdu'l-Bahá*

*O Du gütiger Herr! Diese lieblichen Kinder sind das Werk Deiner machtvollen Hand, die wundersamen Zeichen Deiner Größe. O Gott! Behüte diese Kinder, hilf ihnen gnädiglich, dass sie erzogen und fähig werden, der Menschheit zu dienen. O Gott! Diese Kinder sind Perlen, lass sie heranwachsen in der Muschel Deiner Güte. Du bist der Großmütige, der Allliebende.* [186]

*'Abdu'l-Bahá*

## Eltern

*Du siehst, o mein Herr, unsere flehenden Hände zu Deiner Gunst und Großmut erhoben. Gewähre, dass sie mit den Schätzen Deiner Güte und Freigebigkeit gefüllt werden. Vergib uns, unseren Vätern und unseren Müttern, und erfülle, was wir vom Meere Deiner Gnade und göttlichen Freigebigkeit ersehnen. Nimm, o Geliebter unserer Herzen, alle unsere Werke auf Deinem Pfade an. Du bist wahrlich der Machtvollste, der Erhabenste, der Unvergleichliche, der Eine, der Vergebende, der Gnädige.* [187]

*Bahá'u'lláh*

## Verstorbene

*O mein Gott! Du Vergeber der Sünden, Verleiher der Gaben, Verbanner der Not!*
*Wahrlich, ich flehe Dich an, vergib die Sünden derer, die das irdische Gewand abgelegt haben und zur geistigen Welt aufgestiegen sind.*
*O mein Herr! Mache sie rein von Fehlern, vertreibe ihre Sorgen und wandle ihre Finsternis in Licht. Lass sie eintreten in den Garten der Glückseligkeit, wasche sie mit dem reinsten Wasser und gib, dass sie Deine Herrlichkeit auf dem erhabensten Berge schauen.* [188]

*'Abdu'l-Bahá*

### Dienstbarkeit

*O mein Gott! Ich bitte Dich bei Deinem erhabensten Namen, hilf mir zu tun, was die Belange Deiner Diener fördert und Deine Städte erblühen lässt. Du hast wahrlich Macht über alle Dinge.*[189]

*Bahá'u'lláh*

### Menschheit

*O Du gütiger Herr! Du hast die ganze Menschheit aus dem gleichen Stamm erschaffen. Du hast bestimmt, dass alle der gleichen Familie angehören. In Deiner heiligen Gegenwart sind alle Deine Diener, die ganze Menschheit findet Schutz in Deinem Heiligtum. Alle sind um Deinen Gabentisch versammelt; alle sind erleuchtet vom Lichte Deiner Vorsehung. O Gott! Du bist gütig zu allen, Du sorgst für alle, Du beschützest alle, Du verleihst allen Leben. Du hast einen jeden mit Gaben und Fähigkeiten ausgestattet, und alle sind in das Meer Deines Erbarmens getaucht. O Du gütiger Herr! Vereinige alle. Gib, dass die Religionen in Einklang kommen und einige die Völker, auf dass sie einander ansehen wie eine Familie und die ganze Erde wie eine Heimat. O dass sie doch in vollkommener Harmonie zusammenlebten! O Gott! Erhebe das Banner der Einheit der Menschheit. O Gott! Errichte den Größten Frieden. Schmiede Du, o Gott, die Herzen zusammen. O Du gütiger Vater, Gott! Erfreue unsere Herzen durch den Duft Deiner Liebe. Erhelle unsere Augen durch das Licht Deiner Führung. Erquicke unsere Ohren mit dem Wohlklang Deines Wortes und beschütze uns alle in der Feste Deiner Vorsehung. Du bist der Mächtige und der Kraftvolle, Du bist der Vergebende und Du bist der, welcher die Mängel der ganzen Menschheit übersieht.*[193]

*'Abdu'l-Bahá*

### Vergebung

*O Du Allmächtiger! Ich bin ein Sünder, doch Du bist der Vergeber! Ich bin voller Mängel, doch Du bist der Mitleidvolle! Ich bin in des Irrtums Finsternis, doch Du bist der Vergebung Licht!*

*O Du gütiger Gott! Vergib meine Sünden, schenke mir Deine Gaben, übersieh meine Fehler, behüte mich, tauche mich ein in den Quell Deiner Geduld und heile mich von allen Krankheiten und Gebrechen. Läutere und heilige mich und lass mich teilhaben an der Ausgießung der Heiligkeit, so dass Gram und Traurigkeit schwinden und Freude und Glück herniedersteigen. Gib, dass Verzagtheit und Hoffnungslosigkeit sich wandeln in Freude und Zuversicht, und dass der Mut die Angst verdränge. Wahrlich, Du bist der Vergeber, der Mitleidvolle, und Du bist der Freigebige, der Vielgeliebte.*[191]

*'Abdu'l-Bahá*

## Versammlung

*O Du barmherziger Gott! O Du, der Du mächtig und gewaltig bist! O Du allgütiger Vater! Diese Diener haben sich versammelt; sie wenden sich Dir zu und flehen an Deiner Schwelle im Verlangen nach Deinen unendlichen Gaben aus Deiner großen Verheißung. Sie haben nur ein Ziel: Dein Wohlgefallen; sie haben nur eine Absicht: den Dienst an der Menschenwelt.*

*O Gott! Mache diese Versammlung strahlend und die Herzen barmherzig. Verleihe ihnen die Gnadengabe des Heiligen Geistes. Gewähre ihnen himmlische Macht. Segne sie mit himmlischem Geist. Lass ihre Aufrichtigkeit wachsen, bis sie sich voller Demut und Bußfertigkeit Deinem Königreich zuwenden und sich ganz dem Dienst an der Menschenwelt hingeben. O dass doch jeder eine leuchtende Kerze werde! O dass doch jeder ein strahlender Stern werde! O dass doch jeder der duftenden Farbenpracht des göttlichen Königreiches teilhaftig werde! O Du gütiger Vater! Verleihe uns Deine Segnungen. Sieh nicht auf unsere Schwächen. Birg uns in Deinem Schutz. Erinnere Dich nicht unserer Sünden. Heile uns mit Deinem Erbarmen. Wir sind schwach, Du aber bist machtvoll. Arm sind wir, Du aber bist reich. Wir sind krank, Du aber bist der Arzt. Bedürftig sind wir, Du aber bist der Freigebigste.*

*O Gott! Begnade uns mit Deiner Vorsehung. Du bist der Gewaltige. Du bist der Geber. Du bist der Wohltätige.*[192]

*'Abdu'l-Bahá*

### Loslösung und Bestätigung

*O Gott, mein Gott! Du bist meine Hoffnung und mein Geliebter, mein höchstes Ziel und mein Verlangen! In tiefer Demut und völliger Hingabe bitte ich Dich, mache mich zum Minarett Deiner Liebe in Deinem Lande, zur Leuchte Deines Wissens unter Deinen Geschöpfen und zu einem Banner göttlicher Großmut in Deinem Reiche.*
*Zähle mich zu solchen Deiner Diener, die von allem losgelöst sind außer Dir, die geheiligt sind von den vergänglichen Dingen dieser Welt, gefeit gegen die Einflüsterungen der Vertreter eitlen Wahns.*
*Weite mein Herz vor Freude durch den Geist der Bestätigung aus Deinem Königreich und mache meine Augen strahlend durch den Anblick der Scharen göttlichen Beistands, die in Reihen aus dem Reiche Deiner allmächtigen Herrlichkeit auf mich niedersteigen. Du bist wahrhaftig der Allmächtige, der Allherrliche, der Allgewaltige.*[190]

*'Abdu'l-Bahá*

### Ehe / Hochzeit

*Ruhm sei Dir, o mein Gott! Wahrlich, Dein Diener und Deine Dienerin haben unter dem Schatten Deiner Gnade zusammengefunden und sind vereint durch Deine Gunst und Großmut. O Herr! Stehe ihnen bei in Deiner Erdenwelt, Deinem Königreich, und bestimme für sie alles Gute durch Deine Freigebigkeit und Gnade. O Herr! Bestätige sie in ihrer Pflicht vor Dir und hilf ihnen in Deinem Dienste. Lass sie in Deiner Welt zu Zeichen Deines Namens werden und schütze sie durch Deine Gaben, die unerschöpflich sind in dieser und der zukünftigen Welt. O Herr, sie flehen zum Königreich Deines Erbarmens und rufen das Reich Deiner Einzigkeit an. Wahrlich, sie sind vermählt im Gehorsam gegenüber Deinem Gebot. So lass sie denn bis ans Ende der Zeit zu Zeichen der Eintracht und der Einigkeit werden. Wahrlich, Du bist der Allgewaltige, der Allgegenwärtige, der Allmächtige.*[194]

*'Abdu'l-Bahá*

## Das tägliche Pflichtgebet

Zum religiösen Leben der Bahá'í gehört das tägliche Sprechen eines Pflichtgebetes. Die Bezeichnung „Pflichtgebet" weist nach Bahá'í-Verständnis darauf hin, dass es für den Menschen zu seinem eigenen Wohl unerlässlich ist, in Beziehung zu Gott zu treten. Mit dem Pflichtgebet stärkt der Mensch diese Beziehung und damit die eigene Seele.

Bahá'u'lláh offenbarte für diesen Zweck drei besondere Gebete, ein kurzes, ein mittleres und ein langes, unter denen die Gläubigen eines auswählen können. Das Sprechen dieser Gebete ist an bestimmte Formen gebunden [➲ Symbolische Handlungen]. Die Bahá'í-Schriften besagen, dass diese Gebete mit besonderer Wirkkraft versehen sind[195].

### Das kurze tägliche Gebet:

***Ich bezeuge, o mein Gott, dass Du mich erschaffen hast, Dich zu erkennen und anzubeten. Ich bezeuge in diesem Augenblick meine Ohnmacht und Deine Macht, meine Armut und Deinen Reichtum. Es gibt keinen Gott außer Dir, dem Helfer in Gefahr, dem Selbstbestehenden.***[196]

***Bahá'u'lláh***

### Symbolische Handlungen

Zur Vorbereitung auf die Pflichtgebete waschen die Gläubigen Gesicht und Hände. Diese Waschung ist als symbolischer Akt zu verstehen und dient der inneren Einstimmung, ebenso wie die anschließende Ausrichtung nach Bahji bei 'Akká (dem Beisetzungsort Bahá'u'lláhs in Israel). Ähnlich einer Pflanze, die sich dem Sonnenlicht zuneigt, wendet sich der Gläubige so seiner spirituellen Quelle zu. Die äußere Handlung unterstützt die innere Einstellung.

Für jedes der drei täglichen Pflichtgebete gelten bestimmte Ausführungshinweise. Das kurze tägliche Gebet wird beispielsweise einmal in 24 Stunden zwischen Mittag und Sonnenuntergang gesprochen.

# Anhang 1:

## Bahá'u'lláhs Vision eines zukünftigen Weltgemeinwesens

(Shoghi Effendi, Auszug aus *Die Weltordnung Bahá'u'lláhs*, 1936)

*„Die Einheit des Menschengeschlechts, wie sie Bahá'u'lláh vorausschaut, umschließt die Begründung eines Weltgemeinwesens, in welchem alle Nationen, Rassen, Glaubensbekenntnisse und Klassen eng und dauerhaft vereint, die Autonomie seiner nationalstaatlichen Glieder sowie die persönliche Freiheit und Selbständigkeit der einzelnen Menschen, aus denen es gebildet ist, ausdrücklich und völlig gesichert sind. Dieses Gemeinwesen muss, soweit wir es uns vorstellen können, aus einer Weltlegislative bestehen, deren Mitglieder als Treuhänder der ganzen Menschheit die gesamten Hilfsquellen aller Mitgliedstaaten überwachen. Sie muss die erforderlichen Gesetze geben, um das Leben aller Rassen und Völker zu steuern, ihre Bedürfnisse zu befriedigen und ihre wechselseitigen Beziehungen anzupassen. Eine Weltexekutive, gestützt auf eine internationale Streitmacht, wird die Beschlüsse jener Weltlegislative ausführen, deren Gesetze anwenden und die organische Einheit des ganzen Gemeinwesens sichern. Ein Weltgerichtshof wird seine bindende, endgültige Entscheidung in sämtlichen Streitfragen, die zwischen den vielen Gliedern dieses allumfassenden Systems auftreten können, fällen und zustellen. Ein Netzwerk weltweiter Kommunikation wird ersonnen werden; es wird den ganzen Erdball umspannen und, von allen nationalen Hindernissen und Beschränkungen frei, mit wunderbarer Schnelligkeit und vollkommener Pünktlichkeit ablaufen. Eine Welthauptstadt wird als Nervenzentrum einer Weltzivilisation und als Brennpunkt wirken, in dem die einigenden Lebenskräfte zusammenlaufen und von dem ihre kraftbringenden Einflüsse ausstrahlen werden. Eine Weltsprache wird entweder geschaffen oder unter den bestehenden Sprachen ausgewählt und in den Schulen aller verbündeten Nationen als ein Hilfsmittel neben der jeweiligen Muttersprache gelehrt werden. Eine Weltschrift, eine Weltliteratur, ein einheitliches, allumfassendes Währungs-, Gewichts- und Maßsystem werden den Verkehr und die Verständigung unter den Nationen und Rassen der Menschheit vereinfachen und erleichtern. In dieser Weltgesellschaft werden Wissenschaft und Religion, die beiden gewaltigsten Kräfte im menschlichen Leben, in Einklang gebracht sein; sie werden zusammenwirken und sich harmonisch entwickeln. Die Presse wird in einem solchen System der Darlegung der verschiedenen Ansichten und Über-*

*zeugungen der Menschheit vollen Spielraum gewähren, aber nicht mehr durch althergebrachte Interessen, seien sie persönlicher oder allgemeiner Natur, unheilvoll gelenkt sein; vom Einfluss streitender Regierungen und Völker wird sie befreit sein. Die wirtschaftlichen Hilfsmittel der Welt werden organisiert, ihre Rohstoffquellen erschlossen und restlos nutzbar gemacht, ihre Märkte aufeinander abgestimmt und entwickelt, die Verteilung ihrer Erzeugnisse unparteiisch geregelt werden.*

*Nationale Rivalität, Hass und Intrigen werden aufhören, Feindseligkeiten und Rassenvorurteile werden durch Freundschaft, Verständigung und Zusammenarbeit ersetzt werden. Die Ursachen religiöser Zwistigkeiten werden für immer aus dem Wege geräumt werden; wirtschaftliche Schranken und Hindernisse werden völlig beseitigt, der maßlose Klassenunterschied verwischt werden. Mangel auf der einen Seite und unmäßige Anhäufung von Eigentumsrechten auf der anderen Seite werden verschwinden. Die ungeheuren Kräfte, die für die wirtschaftliche oder politische Kriegsführung verzettelt und vergeudet werden, fließen Zwecken zu, welche die Reichweite menschlicher Erfindungen erweitern, die technische Entwicklung fördern, die Produktivität der Menschheit steigern, Krankheiten ausrotten, wissenschaftliche Forschungen ausdehnen, den körperlichen Gesundheitszustand heben, den menschlichen Verstand schärfen und verfeinern, die ungenutzten, ungeahnten Hilfsquellen dieser Erde ausbeuten, das menschliche Dasein verlängern und jedwedes andere Mittel fördern, welches das verständliche, sittliche und geistige Leben des ganzen Menschengeschlechts anzuregen vermag.*

*Ein Weltbundsystem, das die ganze Erde beherrscht und unanfechtbare Amtsgewalt über ihre unvorstellbar großen Hilfsquellen hat, das die Ideale sowohl des Ostens wie auch des Westens verkörpert und in Einklang bringt, vom Fluch und Elend des Krieges befreit und auf die Ausnützung aller verfügbaren Kraftquellen der Erdoberfläche bedacht ist, ein System, in dem die Gewalt zur Dienerin der Gerechtigkeit gemacht ist, dessen Leben von der allumfassenden Anerkennung eines Gottes und vom Gehorsam gegen eine gemeinsame Offenbarung getragen ist – dies ist das Ziel, dem die Menschheit, durch die vereinenden Lebenskräfte angetrieben, zustrebt."*[197]

# Anhang 2: Zahlen und Fakten

## Geographische Ausbreitung unabhängiger Weltreligionen

(Quelle: Encyclopaedia Britannica 2007)

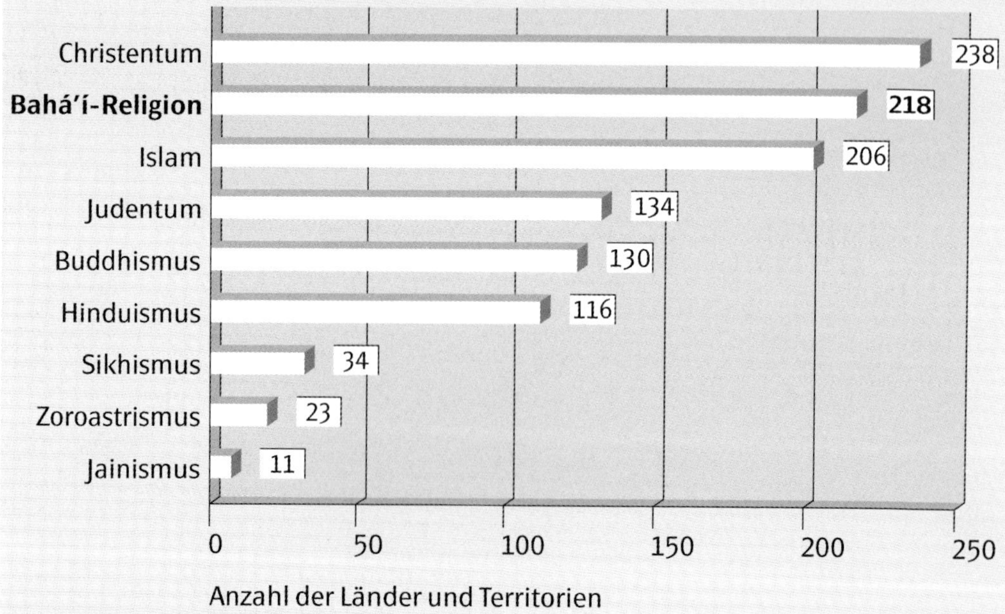


**Orte, an denen Bahá'í leben**

Insgesamt: 101969, davon anteilig:

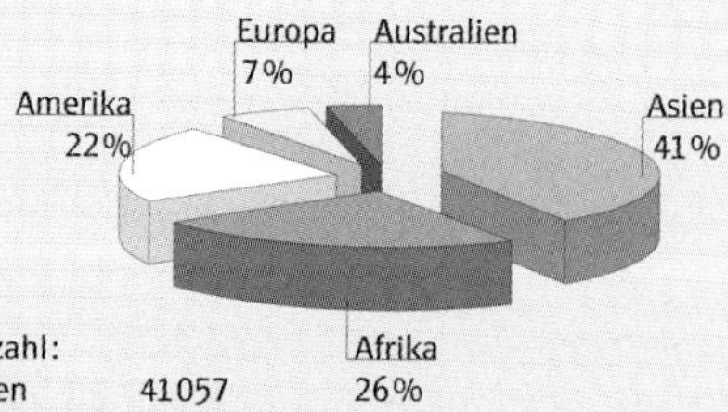


Anzahl:

| | |
|---|---|
| Asien | 41057 |
| Afrika | 26746 |
| Amerika | 22702 |
| Europa | 7121 |
| Australien | 4343 |
| Weltweit | 101969 |

**Anzahl Nationaler Geistiger Räte**

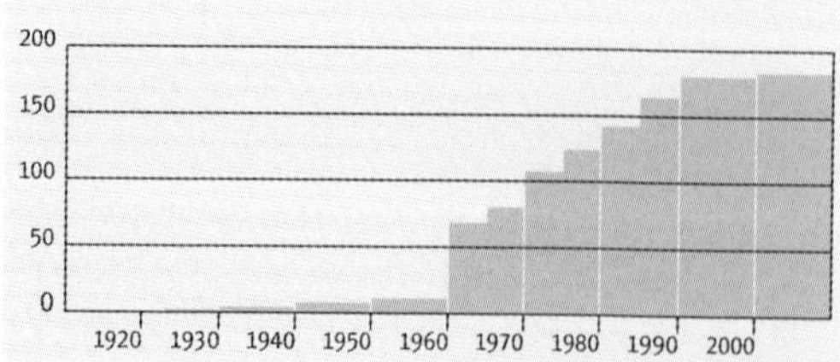


Stand 2004

## Statistischer Überblick

| | weltweit | Afrika | Amerika | Asien | Australien | Europa |
|---|---|---|---|---|---|---|
| Ethnische Gruppen, Stämme und Rassen | 2,112 | 1,250 | 340 | 250 | 250 | 22 |
| Sprachen, in die Bahá'í-Literatur übersetzt ist | 802 | 266 | 172 | 174 | 110 | 80 |
| Länder, in denen der Glaube vertreten ist: | | | | | | |
| Unabhängige Länder | 191 | 53 | 35 | 45 | 14 | 44 |
| Abhängige Territorien und Inseln | 47 | 6 | 17 | 3 | 13 | 8 |
| Orte, an denen Bahá'í leben | 101,969 | 26,746 | 22,702 | 41,057 | 4,343 | 7,121 |
| Nationale Geistige Räte | 183 | 46 | 43 | 40 | 17 | 37 |
| Örtliche Geistige Räte | 9,631 | 3,067 | 2,741 | 2,186 | 777 | 860 |
| Kontinentale Berater | 81 | 19 | 19 | 19 | 11 | 13 |
| Hilfsamtsmitglieder | 990 | 234 | 234 | 288 | 108 | 126 |
| Bahá'í-Verlage | 33 | 7 | 3 | 9 | 2 | 12 |

Zusammengestellt durch das Department of Statistics, Bahá'í-World-Centre, 2004

# Bildnachweis

## Fotografen

Abrar, Marco: 35, 49 (unten rechts), 54, 81, 88, Umschlag oben
Caillard, Martine: 11, 12 (oben), 31, 58 (oben), 60 (rechts), 72, 76 (oben rechts)
Enayati, Hale: 65 (links)
Hennig, Christina: 64 (rechts)
Klapp, Karsten: 45
Mundt, Albert: 40
Lash, Ryan: 76 (unten links), 76 (unten rechts), 77 (rechts)
Pasichnyk, Stanislav: 44 (oben)
Rafat, Neysan: 86
Reyhani, Ruha: 58 (unten)
Schaefer, Christin: 77 (oben links)
Schramm, Alexander: 12 (unten), 14, 18, 19, 20, 22 (oben), 22 (unten), 23, 24, 25, 26, 27, 29 (links), 30, 32, 34, 50, 51, 52, 53, 55, 56 (links), 56 (rechts), 57, 59, 60 (links), 62 (links), 62 (rechts), 63 (oben), 63 (unten), 65 (rechts), 66 (links), 66 (rechts), 67 (oben), 67 (unten), 68, 69 (links), 70 (links), 70 (rechts), 71, 73, 79 (mittig links, mittig rechts, unten links, unten rechts), 80 (oben rechts), 80 (mittig rechts), 80 (unten), 83 (unten), 84, 92
Schuster, Joachim: 39, 69 (rechts)
Shilov, Vladimir: 82 (oben)
Towfigh, Stephan Anis: 58 (unten), 90 (rechts)
von Both, Claudia: 64 (links)

## Fotoarchive

Bahá'í Media Bank (Bahá'í International Community): 48 (unten), 49 (links), 49 (oben), 74, 82 (mittig links), 82 (mittig rechts), 82 (unten links), 82 (unten rechts), 83 (oben rechts), 85, 89, 90 (links), 91 (links), 91 (rechts)
Bahá'í World Centre: 10, 16, 17, 29 (rechts), 36, 44 (unten), 46 (links), 46 (rechts), 47 (oben), 47 (unten), 48 (oben), 90 (unten), 93, Umschlag mitte und unten
Bahá'í World News Service: 21, 35, 75
Médiathèque – Centre de Resources Bahá'íes Francophones: 40, 42 (unten mittig links), 42 (unten mittig rechts), 42 (ganz rechts), 43 (ganz links) 43 (unten mittig links), 43 (unten mittig rechts), 42 (ganz rechts)
Kunsthandlung Seidel & Sohn, Berlin: 42 (ganz links)

## Grafiken

Team für Gestaltung, Jülich: 15, 38, 73, 78, 110 (oben), 110 (links), 110 (rechts), 111

# Quellenangaben

1 Vgl. Bahá'í Faith, Enzyclopaedia Britannica 2007, Ultimate Reference Suite DVD, 1994-2007 Enzyclopaedia Britannica
2 Bahá'u'lláh, *Ährenlese* 132:3
3 Bahá'u'lláh, *Botschaften aus 'Akká* 11:3
4 Bahá'u'lláh, *Die Verborgene Worte aus dem Arabischen*, Nr. 3
5 Bahá'u'lláh, *Ährenlese* 30
6 Bahá'u'lláh, *Ährenlese* 34:3
7 Bahá'u'lláh, *Ährenlese* 132:1
8 Bahá'u'lláh, *Ährenlese* 34:5
9 Bahá'u'lláh, *Ährenlese* 109:2
10 Bahá'u'lláh, *Ährenlese* 117
11 Das Universale Haus der Gerechtigkeit, *Die Verheißung des Weltfriedens*, S. 1
12 Bahá'u'lláh, *Ährenlese* 131:2
13 'Abdu'l-Bahá, *The Promulgation of Universal Peace*, S. 62 [Übersetzung]
14 Vgl. Bahá'u'lláh, *Das Buch der Gewissheit* 2
15 Bahá'u'lláh, zitiert in *Frauen*, S. 46
16 'Abdu'l-Bahá, *The Promulgation of Universal Peace*, S. 108 [Übersetzung]
17 Vgl. *Botschaften des Universalen Hauses der Gerechtigkeit* 1963-86, Nr. 166:2
18 'Abdu'l-Bahá, zitiert in *Frauen*, S. 65
19 'Abdu'l-Bahá, *The Promulgation of Universal Peace*, S. 107 [Übersetzung]
20 'Abdu'l-Bahá, *Ansprachen in Paris*, S. 113
21 'Abdu'l-Bahá, *The Promulgation of Universal Peace*, S. 107 [Übersetzung]
22 'Abdu'l-Bahá, *The Promulgation of Universal Peace*, S. 287 [Übersetzung]
23 Bahá'u'lláh, *Die Verborgenen Worte aus dem Arabischen*, Nr. 68
24 'Abdu'l-Bahá, *Ansprachen in Paris*, S. 54
25 Bahá'u'lláh, *Botschaften aus 'Akká* 11:3
26 Bahá'u'lláh, *Botschaften aus 'Akká* 11:3
27 Bahá'u'lláh, *Botschaften aus 'Akká* 10:22
28 Bahá'u'lláh, *Die Verborgenen Worte aus dem Arabischen*, Nr. 22
29 'Abdu'l-Bahá, *Beantwortete Fragen*, S. 256
30 Bahá'u'lláh, *Ährenlese* 82:1
31 Bahá'u'lláh, *Ährenlese* 81:1
32 Shoghi Effendi, zitiert in *Und zu Ihm kehren wir zurück*, Fußnote 73
33 Bahá'u'lláh, *Ährenlese* 80:2
34 'Abdu'l-Bahá, *Ansprachen in Paris*, S. 49
35 Bahá'u'lláh, *Ährenlese* 81:2
36 Bahá'u'lláh, *Ährenlese* 79
37 Bahá'u'lláh, *Die Verborgenen Worte aus dem Persischen*, Nr. 40
38 'Abdu'l-Bahá, *Ansprachen in Paris*, S. 70

39 Shoghi Effendi, *Dawn of a New Day*, S. 58 [Übersetzung]
40 'Abdu'l-Bahá, *Beantwortete Fragen*, S. 276
41 Shoghi Effendi, zitiert in *Lights of Guidance*, Nr. 703 [Übersetzung]
42 'Abdu'l-Bahá, *Briefe und Botschaften* 169:2
43 Bahá'u'lláh, *Ährenlese* 34:1
44 Bahá'u'lláh, *Die Verborgenen Worte aus dem Arabischen*, Nr. 4
45 Bahá'u'lláh, *Ährenlese* 153:8
46 'Abdu'l-Bahá, *Beantwortete Fragen*, S. 237
47 'Abdu'l-Bahá, *Beantwortete Fragen*, S. 237
48 Bahá'u'lláh, *Die SiebenTäler/Vier Täler*, S. 46
49 'Abdu'l-Bahá, *Ansprachen in Paris*, S.102
50 'Abdu'l-Bahá, *Beantwortete Fragen*, S. 188
51 Bahá'u'lláh, *Kitáb-i-Aqdas*, K 3
52 Bahá'u'lláh, *Kitáb-i-Aqdas*, K 4
53 Der Báb, *Eine Auswahl aus Seinen Schriften*, S. 87
54 Der Báb, zitiert in *Die Weltordnung Bahá'u'lláhs*, S. 152
55 E. G. Browne, zitiert in *Bahá'u'lláh und das Neue Zeitalter*, S. 56
56 Vgl. Taherzadeh, *Die Offenbarung Bahá'u'lláhs*, Band III, S. 295f.
57 Vgl. Taherzadeh, *Die Offenbarung Bahá'u'lláhs*, Band III, S. 296
58 ebd.
59 ebd.
60 Bahá'u'lláh, *Brief an den Sohn des Wolfes*, S. 34
61 Bahá'u'lláh, *Brief an den Sohn des Wolfes*, S. 26
62 Vgl. Shoghi Effendi, *Gott Geht Vorüber*, S. 105ff.
63 Bahá'u'lláh, *Die Verborgenen Worte aus dem Arabischen*, Nr. 29
64 Bahá'u'lláh, *Die Verborgenen Worte aus dem Arabischen*, Nr. 1
65 Bahá'u'lláh, *Die Verborgenen Worte aus dem Arabischen*, Nr. 52
66 Bahá'u'lláh, *Ährenlese* 120:1
67 Bahá'u'lláh, *Ährenlese* 120:2
68 Bahá'u'lláh, *Ährenlese* 119
69 Bahá'u'lláh, *Kitáb-i-Aqdas*, K 86
70 Bahá'u'lláh, *Kitáb-i-Aqdas*, K 90
71 Vgl. Schaefer, Towfigh, Gollmer, *Desinformation als Methode: Die Bahá'ísmus-Monographie des F. Ficicchia*, S. 492-519
72 Vgl. Schaefer, Towfigh, Gollmer, *Desinformation als Methode: Die Bahá'ísmus-Monographie des F. Ficicchia*, S. 534-538
73 Vgl. Balyuzi, H. M., *Bahá'u'lláh: Der Herr der Herrlichkeit*, S. 331
74 Bahá'u'lláh, *Die Verkündigung Bahá'u'lláhs*, S. 71f.
75 Vgl. Shoghi Effendi, zitiert in *Kitáb-i-Aqdas*, S. 20
76 Bahá'u'lláh, *Botschaften aus 'Akká* 15:2
77 Siyyid Asadu'lláh, zitiert in *Die Offenbarung Bahá'u'lláhs*, Band 1, S. 57

78 'Abdu'l-Bahá, zitiert in *Bahá'u'lláh und das Neue Zeitalter*, S. 109
79 Der Báb, zitiert in *Gebete*, Nr. 49
80 Das Univerale Haus der Gerechtigkeit, *Botschaft vom 28. Dezember 1999 an die Bahá'í der Welt*
81 'Abdu'l-Bahá, zitiert in *Über die Macht des Gebets*, S. 17f.
82 Vgl. Das Universale Haus der Gerechtigkeit, *Botschaft vom 1. September 1983 an Europa*
83 Bahá'u'lláh, *Ährenlese* 70:2
84 Bahá'u'lláh, *Botschaften aus 'Akká* 9:4
85 Bahá'u'lláh, *Kitáb-i-Aqdas*, K 120
86 Bahá'u'lláh, *Ährenlese* 139:8
87 Bahá'u'lláh, *Botschaften aus 'Akká* 7:15
88 Vgl. Das Universale Haus der Gerechtigkeit, *Brief vom 19.5.1994 an die Bahá'í der Vereinigten Staaten*
89 Bahá'u'lláh, zitiert in *Bahá'u'lláh und das Neue Zeitalter*, S. 94
90 'Abdu'l-Bahá, *Briefe und Botschaften* 16:5
91 Bahá'u'lláh, *Botschaften aus 'Akká* 15:2
92 Bahá'u'lláh, *Ährenlese* 125:3
93 Bahá'u'lláh, *Verborgene Worte aus dem Arabischen*, Nr. 27
94 'Abdu'l-Bahá, *Briefe und Botschaften* 144:2
95 'Abdu'l-Bahá, zitiert in *Was lehrt die Bahá'í-Religion?*, S. 52
96 'Abdu'l-Bahá, *The Promulgation of Universal Peace*, S. 218 [Übersetzung]
97 Bahá'u'lláh, zitiert in *Beratung*, S. 3
98 Bahá'u'lláh, zitiert in *Beratung*, S. 3
99 'Abdu'l-Bahá, zitiert in *Beratung*, S. 8
100 'Abdu'l-Bahá, zitiert in *Beratung*, S. 8
101 Bahá'u'lláh, zitiert in *Gebete*, Nr. 223.
102 'Abdu'l-Bahá, *Briefe und Botschaften*, 86:1 f. [Neuübersetzung]
103 'Abdu'l-Bahá, zitiert in *Bahá'í-Ehen und ihr Schutz*, Nr. 6
104 Shoghi Effendis, zitiert in *Liebe und Ehe*, S. 21
105 'Abdu'l-Bahá, zitiert in *Gebete*, Nr. 227
106 Das Universale Haus der Gerechtigkeit, zitiert in *Liebe und Ehe*, S. 68
107 Bahá'u'lláh, *Kitáb-i-Aqdas*, F 3
108 Shoghi Effendi, zitiert in *Die Bewahrung von Bahá'í-Ehen: Ein Memorandum des Universalen Hauses der Gerechtigkeit, Dezember 1990*
109 Das Universale Haus der Gerechtigkeit, zitiert in *Bahá'í-Ehen und ihr Schutz*, Nr. 37
110 Bahá'u'lláh, *Brief an den Sohn des Wolfes*, S. 56
111 Shoghi Effendi, zitiert in *Kitáb-i-Aqdas*, E 92
112 'Abdu'l-Bahá, *Briefe und Botschaften*, 103:1
113 Bahá'u'lláh, *Botschaften aus 'Akká* 11:3
114 'Abdu'l-Bahá, *Briefe und Botschaften* 121:1

115 'Abdu'l-Bahá, zitiert in *Ziele der Kindererziehung*, S. 72f.
116 Das Universale Haus der Gerechtigkeit, *Ridván-Botschaft* 157 (2000)
117 Das Universale Haus der Gerechtigkeit, *Ridván-Botschaft* 157 (2000)
118 'Abdu'l-Bahá, *Briefe und Botschaften* 110:2
119 ebd.
120 Bahá'u'lláh, *Ährenlese* 132:1 und 27:5
121 'Abdu'l-Bahá, *Briefe und Botschaften* 95:2 [Neuübersetzung]
122 Bahá'u'lláh, *Botschaften aus 'Akká*, 11:17
123 'Abdu'l-Bahá, zitiert in *Bahá'u'lláh und das Neue Zeitalter*, S. 99
124 Bahá'u'lláh, *Ährenlese* 128:3
125 Shoghi Effendi, zitiert in *Kitab-i-Aqdas*, E25
126 Bahá'u'lláh, *Kitáb-i-Aqdas*, K 113
127 Bahá'u'lláh, *Kitáb-i-Aqdas*, K 119
128 Bahá'u'lláh, *Botschaften aus 'Akká* 10:13
129 Bahá'u'lláh, *Ährenlese* 34:8
130 Bahá'u'lláh, *Ährenlese* 77
131 Bahá'u'lláh, *Ährenlese* 118:4
132 Shoghi Effendi, zitiert in *Lights of Guidance*, Nr. 2039 [Übersetzung]
133 Das Universale Haus der Gerechtigkeit, zitiert in *Die Institution der Berater*, S. 9
134 Vgl. Shoghi Effendi, zitiert in *Bahá'í-Wahlen*, S. 5
135 'Abdu'l-Bahá, zitiert in *Beratung*, S. 7f.
136 'Abdu'l-Bahá, zitiert in *Bahá'í-Versammlungen und Neunzehntagefest*, S. 25
137 'Abdu'l-Bahá, zitiert in *Kindererziehung – Schule und Berufsausbildung*, S. 158
138 Bahá'u'lláh, *Kitáb-i-Aqdas*, K 51
139 'Abdu'l-Bahá, zitiert in *Kindererziehung – Schule und Berufsausbildung*, S. 157f. [Neuübersetzung]
140 Shoghi Effendi, zitiert in *Der Bahá'í in der modernen Welt*, S. 385
141 Shoghi Effendi, zitiert in *Gebete*, S. 300
142 Vgl. Bahá'u'lláh, *Kitáb-i-Aqdas*, K 31
143 Das Universale Haus der Gerechtigkeit, zitiert in *Kitáb-i-Aqdas*, E 53
144 Das Universale Haus der Gerechtigkeit, zitiert in *Kitáb-i-Aqdas*, E 29
145 Shoghi Effendi, zitiert in *Kitáb-i-Aqdas*, E 29
146 'Abdu'l-Bahá, zitiert in *Bahá'u'lláh und das Neue Zeitalter*, S. 209
147 Internationale Bahá'í Gemeinde, *Wendezeit für die Nationen: Vorschläge zum Thema Global Governance; Ein Statement der Internationalen Bahá'í-Gemeinde*, Hofheim-Langenhain: Bahá'í-Verlag, 1996
148 Bahá'u'lláh, *Ährenlese* 106:1
149 'Abdu'l-Bahá, zitiert in *Das Geheimnis Göttlicher Kultur*, S. 14 [Neuübersetzung]
150 Statistik zitiert in: *The Bahá'í World 2002-2003*, Haifa: Bahá'í World Center Publications, 2004, S. 281

151 Ernst Ulrich von Weizsäcker, EXPO-Festakt in Stuttgart am 2. Juni 2000, zitiert in Der Nationale Geistige Rat der Bahá'í in Deutschland [Hg.]: ***One Country 2/2000***, Hofheim 2000, S. 9 f.
152 Shoghi Effendi, zitiert in ***Die Bewahrung der Erde und ihrer Hilfsquellen***, 3:3
153 Shoghi Effendi, zitiert in ***Die Bewahrung der Erde und ihrer Hilfsquellen***, 3:1
154 Bahá'u'lláh, ***Ährenlese*** 110:2
155 Das Universale Haus der Gerechtigkeit, ***An die Religiösen Führer der Welt***, April 2002
156 Bahá'u'lláh, ***Ährenlese*** 110:1
157 Bahá'u'lláh, ***Ährenlese*** 132:5
158 Bahá'u'lláh, ***Die Verborgenen Worte aus dem Arabischen***, Nr. 11
159 Bahá'u'lláh, ***Ährenlese*** 131
160 'Abdu'l-Bahá, zitiert in ***Rosen der Liebe***, S. 10
161 Bahá'u'lláh, ***Ährenlese*** 82:1
162 Bahá'u'lláh, ***Kitáb-i-Aqdas***, K 40
163 Bahá'u'lláh, zitiert in ***Bahá'u'lláh und das Neue Zeitalter***, S. 99
164 'Abdu'l-Bahá, ***Ansprachen in Paris***, S. 85
165 'Abdu'l-Bahá, zitiert in ***Göttliche Lebenskunst***, S. 76
166 'Abdu'l-Bahá, zitiert in ***Bahá'u'lláh und das Neue Zeitalter***, S. 77
167 Bahá'u'lláh, ***Die Verborgenen Worte aus dem Arabischen***, Nr. 68
168 Bahá'u'lláh, ***Die Verborgenen Worte aus dem Arabischen***, Nr. 13
169 Bahá'u'lláh, ***Die Verborgenen Worte aus dem Arabischen***, Nr. 28
170 Shoghi Effendi, zitiert in ***Sterne am Firmament der Weisheit***, S. 16
171 Bahá'u'lláh, ***Ährenlese*** 110
172 Bahá'u'lláh, ***Ährenlese*** 130
173 'Abdu'l-Bahá, ***The Promulgation of Universal Peace***, S. 453 [Übersetzung]
174 Der Báb, zitiert in ***Gebete***, Nr. 49
175 'Abdu'l-Bahá, zitiert in ***Gebete***, Nr. 170
176 'Abdu'l-Bahá, zitiert in ***Gebete***, Nr. 60
177 Bahá'u'lláh, zitiert in ***Gebete***, Nr. 36
178 'Abdu'l-Bahá, zitiert in ***Gebete***, Nr. 44 [Neuübersetzung]
179 'Abdu'l-Bahá, zitiert in ***Gebete***, Nr. 45
180 Der Báb, zitiert in ***Gebete***, Nr. 66
181 Bahá'u'lláh, zitiert in ***Gebete***, Nr. 73
182 Der Báb, zitiert in ***Gebete***, Nr. 68
183 Bahá'u'lláh, zitiert in ***Gebete***, Nr. 142
184 Bahá'u'lláh, zitiert in ***Gebete***, Nr. 144
185 'Abdu'l-Bahá, zitiert in ***Gebete***, Nr. 166
186 'Abdu'l-Bahá, zitiert in ***Gebete***, Nr. 168
187 Bahá'u'lláh, ***Ährenlese*** 138:5
188 'Abdu'l-Bahá, zitiert in ***Gebete***, Nr. 179

189 Bahá'u'lláh, zitiert in *Gebete*, Nr. 55
190 'Abdu'l-Bahá, zitiert in *Gebete*, Nr. 46
191 'Abdu'l-Bahá, zitiert in *Gebete*, Nr. 140
192 'Abdu'l-Bahá, zitiert in *Gebete*, Nr. 183
193 'Abdu'l-Bahá, zitiert in *Gebete*, Nr. 196
194 'Abdu'l-Bahá, zitiert in *Gebete*, Nr. 226
195 Vgl. Shoghi Effendi, zitiert in *Gebete*, S. 391
196 Bahá'u'lláh, zitiert in *Gebete*, Nr. 1
197 Shoghi Effendi, *Die Weltordnung Bahá'u'lláhs*, S. 296-299

# Literaturverzeichnis

## Primärliteratur:

Der Báb, *Eine Auswahl aus Seinen Schriften*, Hofheim-Langenhain: Bahá'í-Verlag, 1991

Bahá'u'lláh, *Ährenlese: Eine Auswahl aus den Schriften Bahá'u'lláhs*, Hofheim-Langenhain: Bahá'í-Verlag, 2003

Bahá'u'lláh, *Botschaften aus 'Akká*, Hofheim-Langenhain: Bahá'í-Verlag, 1982

Bahá'u'lláh, *Brief an den Sohn des Wolfes*, Hofheim-Langenhain: Bahá'í-Verlag, 1988

Bahá'u'lláh, *Das Buch der Gewissheit*, Hofheim-Langenhain: Bahá'í-Verlag, 2000

Bahá'u'lláh, *Die Verkündigung Bahá'u'lláhs*, Hofheim-Langenhain: Bahá'í-Verlag, 1977

Bahá'u'lláh, *Kitáb-i-Aqdas*, Hofheim-Langenhain: Bahá'í-Verlag, 2000

Bahá'u'lláh, *Die Verborgenen Worte*, Hofheim-Langenhain: Bahá'í-Verlag, 2001

Bahá'u'lláh, *Die Sieben Täler, Die Vier Täler*, Hofheim-Langenhain: Bahá'í-Verlag, 1997

'Abdu'l-Bahá, *Ansprachen in Paris*, Hofheim-Langenhain: Bahá'í-Verlag, 2000

'Abdu'l-Bahá, *Beantwortete Fragen*, Hofheim-Langenhain: Bahá'í-Verlag, 1998

'Abdu'l-Bahá, *Briefe und Botschaften*, Hofheim-Langenhain: Bahá'í-Verlag, 1998

'Abdu'l-Bahá, *The Promulgation of Universal Peace*, Wilmette: Bahá'í Publishing Trust, 1982

Shoghi Effendi, *Die Weltordnung Bahá'u'lláhs*, Hofheim-Langenhain: Bahá'í-Verlag, 1977

Shoghi Effendi, *Gott geht vorüber*, Hofheim-Langenhain: Bahá'í-Verlag, 1974

Das Universale Haus der Gerechtigkeit, *Botschaft vom 1. September 1983 an Europa*, Hofheim-Langenhain: Bahá'í-Verlag, 1990

Das Universale Haus der Gerechtigkeit, *Botschaft vom 28. Dezember 1999 an die Bahá'í der Welt*

Das Universale Haus der Gerechtigkeit, *Brief vom 19.5.1994 an die Bahá'í der Vereinigten Staaten*

Das Universale Haus der Gerechtigkeit, *Die Verheißung des Weltfriedens*, Hofheim-Langenhain: Bahá'í-Verlag, 1989

Das Universale Haus der Gerechtigkeit, *Messages from the Universal House of Justice 1963-1986*, Wilmette: Bahá'í Publishing Trust, 1986

Das Universale Haus der Gerechtigkeit, *Vorurteile überwinden – Ein Aufruf an die Repräsentanten der Religionen der Welt*, Hofheim-Langenhain: Bahá'í-Verlag, 2003

Forschungsabteilung des Universalen Hauses der Gerechtigkeit, *Die Bewahrung der Erde und ihrer Hilfsquellen*, Hofheim-Langenhain: Bahá'í-Verlag, 1990

## Textzusammenstellungen

*Gebete,* Hofheim-Langenhain: Bahá'í-Verlag, 1996
*Sterne am Firmament der Weisheit,* Stuttgart: Horizonte-Verlag, 1993
*Und zu Ihm kehren wir zurück*, Hofheim-Langenhain: Bahá'í-Verlag, 1993
*Frauen*, Hofheim-Langenhain: Bahá'í-Verlag, 1986
*Lights of Guidance,* New Delhi: Bahá'í Publishing Trust, 1997
*Liebe und Ehe*, Hofheim-Langenhain: Bahá'í-Verlag, 1981
*Beratung*, Hofheim-Langenhain: Bahá'í-Verlag, 1979
*Ziele der Kindereziehung*, Hofheim-Langenhain: Bahá'í-Verlag, 1990
*Rosen der Liebe*, Stuttgart: Horizonte-Verlag 1993
*Bahá'í-Versammlungen und Neunzehntagefest,* Hofheim-Langenhain: Bahá'í-Verlag, 1978
*Bahá'í-Wahlen – Heiligkeit und Wesensart*, Hofheim-Langenhain: Bahá'í-Verlag, 1990
*Über die Macht des Gebetes*, Hofheim-Langenhain: Bahá'í-Verlag, 1981
*Kindererziehung, Schule und Berufsausbildung,* Hofheim-Langenhain: Bahá'í-Verlag, 2002
*Göttliche Lebenskunst,* Hofheim-Langenhain: Bahá'í-Verlag, 1985
*Bahá'í-Ehen und ihr Schutz*, Hofheim-Langenhain: Bahá'í-Verlag, 1992

## Sekundärliteratur:

Balyuzi, H. M., *Bahá'u'lláh: Der Herr der Herrlichkeit*, Hofheim-Langenhain: Bahá'í-Verlag, 1991
Esslemont, J. E., *Bahá'u'lláh und das Neue Zeitalter*, Hofheim-Langenhain: Bahá'í-Verlag, 1980
Ferraby, J., *All Things Made New: An Introduction to the Bahá'í Faith*, New Delhi: Bahá'í Publishing Trust, 2001 (reprint)
Grossmann, H., *Was lehrt die Bahá'í-Religion?*, Hofheim-Langenhain: Bahá'í-Verlag, 1985
Hutter, M. *Die Weltreligionen*, München: C. H. Beck, 2005
Nabíl-i-A'zam, *Nabils Bericht: Aus den frühen Tagen der Bahá'í-Offenbarung*, Bd. 1, 2, 3, Hofheim-Langenhain: Bahá'í-Verlag 1975, 1982, 1991
Schaefer, U., *Der Bahá'í in der modernen Welt*, Hofheim-Langenhain: Bahá'í-Verlag, 1981
Schaefer, U., Towfigh, N., Gollmer, U., *Desinformation als Methode: Die Bahá'ísmus-Monographie des F. Ficicchia,* Hildesheim: Olms, 1995
Taherzadeh, A., *Die Offenbarung Bahá'u'lláhs,* Bd. 1, 2, 3, 4, Hofheim-Langenhain: Bahá'í-Verlag, 1981, 1987, 1992, 1995

**Websites:**

Bahá'í-Gemeinde Deutschland: www.bahai.de
Bahá'í-Gemeinde Österreich: www.bahai.at
Bahá'í-Gemeinde der Schweiz: www.bahai.ch
Bahá'í-Verlag Deutschland: www.bahai-verlag.de
Internationale Bahá'í-Gemeinde: www.bahai.org

# Index

**Y**



**Z**